Gabriele Klink

Sockentier & Korkenkasper

Verblüffend einfache Basteltipps & Spielideen für kreatives Puppentheater

Ökotopia Verlag, Münster

Impressum

Autorin	Gabriele Klink
Lektorin	Uta Koßmagk
Fotos	Gabriele Klink
Covergestaltung	PERCEPTO mediengestaltung
Illustrationen	Irene Brischnik
Gestaltung	Hain-Team (www.hain-team.de)
ISBN	978-3-86702-247-7

1. Auflage
© 2014 Ökotopia Verlag, Münster

Danksagung

Unzählige Kinder, Schüler, Eltern und Kollegen aus aller Welt ermöglichten mir dieses Buchprojekt. Besonderer Dank gilt Johanna Neubrand und den Grundschulkindern aus Waiblingen.

Inhalt

Einführung

Schon als Schülerin war ich theaterbegeistert und Puppenspiele begleiteten mich im Unterrichtsalltag durch 44 Berufsjahre im In- und Ausland. Bei der Figurenherstellung für das Puppenspiel übertrafen mich die Kinder rasch, ihre Fantasie, Spontaneität und Experimentierbegeisterung waren grenzenlos. Kinder benötigen vielfältige Freiräume und wenig Erklärungen, denn sie erklären sich ihre Welt auf ihre Weise. Ihre Ideen übernahm ich mit großem Respekt, sie sind in dieses Buch eingeflossen.

Rollenspiele von Geburt an

Kinder schlüpfen unheimlich gern in Rollen. Der Teddy wird zum Patient, das Auto fährt ein imaginäres, spannendes Autorennen und ein interessanter Ast wird zum Spielpartner.

Ihre natürliche Rolle übernehmen die Kinder bereits mit ihrer Geburt als Teil ihrer Familie. Sie werden als ruhig oder lebendig, offen oder zurückhaltend eingestuft. In der Geschwister-Reihe und auch als Enkelkind übernehmen sie eine weitere Rolle. Auf diese Weise lernen sie Verhaltensmuster und trainieren den Umgang mit Erwachsenen. Später als Kindergarten-, Schulkinder und Jugendliche werden diese Rollenvorstellungen ausgefeilt aber auch positiv oder negativ besetzt.

Erfolge und Einsatzmöglichkeiten des Handpuppenspiels

Das Handpuppenspiel hat einen hohen Aufforderungscharakter, überwindet Hemmschwellen, gibt Mut oder löst Ängste. Es hilft dabei, Sprachängsten und -unsicherheiten entgegenzuwirken und Sprechprobleme abzubauen, denn Sprache im Puppentheater ist grenzenlos, weltumspannend und spricht unsere Gefühle an. Wie Schatzsucher entdecken die Kinder unbekannte Seiten und Talente an sich, binden Kinder mit Behinderungen, anderer Hautfarbe, Sprachproblemen oder sonstigen Unterschiedlichkeiten ein. Das Handpuppenspiel weist Wege zum genauen Beobachten, Hinhören, Zuhören, es schlägt Verständigungsbrücken und festigt die Sozialisation.

Die Kinder wagen sich mit und hinter ihren Spielfiguren, Sprache zu erproben. Schüchterne Kinder erhalten eine »Bühne« und einen Sprechpartner. Die Kinder werden mit allen Sinnen angesprochen, stärken ihre vielseitigen Kompetenzen auch in den Bereichen Konzentration, Fein- und Grobmotorik sowie psychomotorische Fertigkeiten. Deshalb ist es nicht verwunderlich, dass diese Spielformen auch in der Heilpädagogik, Psychotherapie und Konfliktberatung eingesetzt werden.

Beim Handpuppenspiel spielt ein Kind oder ein Erwachsener mit sich selbst oder erzählt Anderen eine Geschichte. Da fordert z. B. eine sprechende Zahnbürste zum richtigen Zähneputzen auf, die Oma-Handpuppe erzählt als Ritual das Wochenend-Märchen, die Handpuppe Fuchs lässt Rätsel oder Teekesselbegriffe erraten oder das Mikrofon ermutigt dazu, wie ein Reporter aus dem Schulalltag zu berichten.

Wenn Kinder gemeinsam mit Spielfiguren agieren, können sie eine Geschichte oder ein Bilderbuch lebendig werden lassen. Sie spielen ihre Beobachtungen und Erfahrungen, reichern diese mit ihren Gefühlen und Wertevorstellungen an oder setzen partnerschaftlich erlebten Umgang um. Eltern und Pädagogen können diese Hinweise beobachten und wertvolle Erkenntnisse daraus gewinnen.

Aufbau des Buches und Benutzerhinweise

In den folgenden Kapiteln finden Sie Handspielfiguren z. B. aus Kämmen, Bürsten, Kochlöffeln, Teesieben und Topfreinigern. Aber auch aus Obst und Gemüse entstehen außergewöhnliche Spielpartner, ebenso aus Socken, Schuhen, Büchsen, Zapfen und Ästen. Aus Tüchern werden Marionetten als Gespenster, Kraken oder Vogel Strauß. Auch körpereigene Aktionsfelder werden ausprobiert – Füße, Hände, Arme oder gar Bäuche dienen als Spielakteure.

Der Bau jeder vorgestellten Handpuppe wird ausführlich beschrieben, eine konkrete Spielidee sowie Anregungen für weitere Einsatzmöglichkeiten runden das Angebot ab. Alle Spielideen sind leicht umsetzbar, wurden im Unterricht vielfältig erprobt und erfordern einen geringen Material- und Arbeitsaufwand. Sämtliche Einzeltechniken und Figuren sind problemlos miteinander kombinierbar.

Bitte erproben Sie alle Angebote aus diesem Buch vor dem Einsatz selbst. So können Sie auftretende Schwierigkeiten im Vorfeld erkennen und später gezielt Hilfe anbieten und z. B. Anregungen für Materialumdeutungen geben. Lassen Sie sich anstecken von der offenen, experimentierfreudigen Spontaneität der Kinder!

Materialvielfalt

Bei den Beschreibungen zu den einzelnen Handpuppen sind jeweils alle benötigten Materialien aufgeführt. Allerdings sind dies nur Vorschläge. Im Folgenden finden Sie viele weitere Materialvorschläge für den Puppenbau.

Augen, Mund und Nase
Perlen, Knöpfe, Kugeln, Reißzwecken, Flaschenverschlüsse, Papierkugeln, Wackelaugen, kleine Steine, Muscheln, getrocknete Erbsen, Bohnen, Korken, Eicheln, Kastanien, Beeren, Kerne, Steckerle, Muggelsteine

Kopf und Kopfschmuck
Köpfe aus Scheiben, Papptellern, Kugeln, Kopfbedeckungen aus Papier, Stoff, Filz, Weihnachtsfolie, Goldpapierkrone, Indianerstirnband, Zauberhut

Haare
Woll- und Filzreste, Fell, Faschingsrollen, Märchenwolle, Watte, Fell, Topfreiniger, halbe Tannen- oder Kieferzapfen, Moos, Heu, Holzspäne, Geschenkbänder, Kräuselband, Engelshaar

Ohren, Schnauze, Hörner, Pfoten, Schwanz
Chenilledraht, Schnur, Federn, Tonpapier, Filz, Kerne, Muscheln, Eierkarton

Kleidung
Stoffreste, Filz, Zeitungs- und Geschenkpapier, Krepppapier, Servietten, Blätter- und Blütenkranz

Handpuppen-Führung
Hände, Finger, Faust, Füße, Stab, Spielkreuz, Fäden, Kordel

Theaterformen

Spielsituationen im Alltag

Zwei Kinder spielen eine beliebige Alltagsszene, gestalten eine Konfliktsituation und entdecken unterschiedliche, kreative, Lösungsansätze. Sie schlüpfen in die Haut des Anderen, legen Scheuklappen ab und blicken über den eigenen Tellerrand. Auf diese Weise wachsen Verständnis, Akzeptanz und Toleranz, Wissen und Vertrauen werden aktiviert und aufgebaut.

In der Klein- und Großgruppe

Jedes Kind stellt seine Figur und deren Fähigkeiten und Fertigkeiten vor. »Ich bin der Schnurzipurz – der beste Erklärer der Welt.« Kinder und Handpuppen treffen sich auf dem Wochenmarkt, schauen ein imaginäres Fußballspiel an oder stellen eine Modenschau oder ein Gesangscasting dar.

Spielaktionsfelder

Alle Kinder treffen sich im Sitz- oder Stehkreis oder an ihren Tischen. Mit den Handpuppen vermitteln sie als Streitschlichter, erklären Lernangebote, fordern zum Mitsingen und Mitmachen auf oder sind heiß begehrte Gäste bei Geburtstagen und Festen.

Spontan-Theater

Sind alle Handpuppen hergestellt, kann gleich lustvoll drauflos gespielt werden. Hinter einem aufgespannten Leintuch treffen sich alle Figuren z. B. zum Spaziergang in den Bergen, am See, am Meer oder im Park. Erste Gesprächsimpulse und die Puppenführung werden erprobt. Im Zentrum steht dabei die Spielfreude.

Augenblick-Theater

Während der Figurenumsetzung spielen die Kinder aus dem Augenblick heraus. Sie beraten und unterstützen sich gegenseitig bei Ausgestaltungsfragen: *»Oh je, du kannst ja noch nichts sehen!«, »Dein Servietten-Kleid steht dir gut.«, »Ein Bart passt sicher gut zu dir«.*

Anlass-Theater

Die Kinder spielen Probleme in der Klasse oder Streitigkeiten im Spiel nach, drücken Gefühle aus, interpretieren sie. Sie entdecken dabei neue, auch ungewöhnliche Lösungswege und setzen diese später real um. Eine Hochzeit, ein Krankenhausaufenthalt, eine Beschuldigung können dabei als Spielanlass dienen. Ebenso aber auch Themen wie *»Hausaufgaben? Ohne mich!«* oder *»Etwas mitgehen lassen ist doch ganz normal!«*

Kleine Spielsequenzen

Die Kinder stellen mithilfe der Handpuppen Gefühle und Konflikte dar, z. B.: *»Dieses Shirt ziehe ich nicht an!«* oder *»Hilfe, ich habe mich verlaufen!«* Die Zuschauer nennen Lösungsvorschläge, die die Kinder dann in die Handlung einfließen lassen.

Stations-Theater

Hierbei wird ein zuvor vereinbartes Thema (z. B. Kraftausdrücke, Fäkalsprache, schlechtes Benehmen, Rücksichtslosigkeit, Hilfsbereitschaft) im Spielrahmen erarbeitet und bewusst erlebt. Mehrere Kleingruppen stellen ihre individuelle Variante dar. Die Zuschauer merken sich den Spielverlauf, die eingesetzte Sprache und das Ergebnis. Später werden die einzelnen Sequenzen miteinander verglichen.

Stegreif-Theater

Hierbei wird eine Geschichte, ein Märchen, eine Fabel oder ein Bilderbuch inhaltlich ohne Probe frei nachgespielt. Die Kinder besprechen kurz miteinander, wer welche Figur darstellt und welche vorgegebenen Inhaltsschwerpunkte wichtig sind. Ein großer Interpretationsspielraum und Darstellungsfreiheiten sind gegeben. Weitere Personen klinken sich ein. Die Geschichte endet ungewöhnlich und überraschend. Geeignete Märchen sind »Hans im Glück«, »Die goldene Gans«, »Frau Holle, »Die Bremer Stadtmusikanten«.

Erzählwerkstatt

Kinder sind wunderbare Fabulierkünstler. Wenn Sie in der Gruppe oder Klasse einen Erzählwettbewerb organisieren, alle Geschichten sammeln und diese kopieren, kann »als Nebeneffekt« ein einzigartiges Theaterbuch entstehen.

Theateraufführungen

Aus den vorausgegangenen Theaterexperimenten kann auch ein übernommenes oder selbst gestaltetes Spielstück entstehen. Hier sind Rollenzuweisungen, Charakter der Spielfiguren, Inhalt, Spielsituation oder Auftritt der Figuren verbindlich. Dazu sollten jedoch mehrere Spielproben angeboten und eingebaut werden. Gemeinsam wird der Zuschauerraum gestaltet. Dies erscheint als zeitlich großer Aufwand, wird aber für alle Teilnehmer letztendlich ein wichtiges und unvergessliches Erlebnis. In den ersten Stegreifversuchen erproben die Kinder unterschiedliche Rollen, ehe mit den Kindern zusammen die Rollenverteilung festgelegt wird. Auch das »Drehbuch« wird gemeinsam erstellt und die Kostümvorschläge fließen mit ein. Die Kinder lernen möglichst wortgetreu die Texte auswendig. Mit Herzklopfen stehen sie dann im Rampenlicht, vor ihnen ein großes Publikum, das schließlich mit einem donnernden Schlussapplaus alle belohnt.

Kasperletheater begeistern Kinder und Erwachsene gleichermaßen. Hier ziehen Pädagogen und Eltern an einem Strang und unterstützen die spielenden Kinder.

Schattentheater sind nicht so bekannt, faszinieren aber auch ein großes Publikum und eignen sich für Schulfeste aller Art. Hier bilden Kinder, Pädagogen und Eltern ein ungewöhnliches Spielerteam.

Im **provozierenden Theater** stehen Vorurteile und Behauptungen im Mittelpunkt. Der Hauptdarsteller wehrt sich damit, seine Meinung sei richtig und gültig. Dabei können allgemeine Ansichten hinterfragt werden: *»Alle Kinder sind faul!«, »Alle Lehrer sind ungerecht!«, »Etwas stehlen ist cool!«, »Jemanden auslachen macht Spaß!«*

Theaterbühnen

Schattenspielbühne

Ein aufgespanntes Leintuch mit einem blickdichten Tuch in Kinderhöhe abdecken. Eine Lichtquelle strahlt sie an. Hinter der Schattenwand stehen die Kinder und spielen mit ihren Stabpuppen oder Händen Alltagsszenen, Märchen und Geschichten vor.

Weitere kleine Bühnen

➤ Hinter hochgestellten Tischen spielen
➤ Aus einem großem Karton einen Kartonfernseher konstruieren

➤ An einer Tischkante oder auf einem Tisch agieren

➤ Im Türrahmen ein Badetuch anbringen – fertig ist ein Bühnenraum!

➤ Für Handpuppen- oder Fußtheater ein Tuch aufspannen, mehrere senkrechte Schlitze in unterschiedlichen Höhen einschneiden, die Spielhand mit der Handpuppe, gestaltete Socken oder die bemalten Fußsohlen durchstrecken

Nachhaltige Aktionen

Theater-Workshop

Erfolgreich bot ich diesen für spielbegeisterte Kinder, Eltern und Kollegen an, auch im Bereich der Kernzeitbetreuung oder der Ganztagsschule.

Theaterbox

Jedes Kind gestaltet bunt und originell einen Schuhkarton. In ihm werden über die gesamte Grundschulzeit die Handpuppen aufbewahrt. Auf diese Weise entsteht eine individuelle, kostbare Sammlung.

Figuren-Wettbewerb

In Vorbereitung auf ein Schulfest kann ein Aufruf gestaltet werden: »Gesucht sind Kinder und Pädagogen, die ungewöhnliche Handpuppen erfinden und beim Schulfest präsentieren«. Kinder schlüpfen lustvoll in die Rolle des Erwachsenen, erklären und demonstrieren, wie ihre Figur entstanden ist. Eine Urkunde für alle Handpuppen-Erfinder wird vor großem Publikum feierlich überreicht.

Fotowettbewerb

Kinder werden zu Handpuppen-Fotografen und schulen ihr Auge in besonderer Weise. Alle Aufnahmen können im Anschluss in einem Fotokatalog oder an einer Fotowand präsentiert werden. Die Fotos erhalten selbst notierte oder von Vorschulkindern diktierte Bildunterschriften. Wenn zusätzlich kleine Theaterstücke eingefügt werden, entsteht eine ganz besondere Dokumentation.

Ausstellungen und Öffentlichkeitsarbeit

Raum für Ausstellungen bietet der Eingangsbereich, der Gruppenraum, das Klassenzimmer oder der Schulflur. Anlass kann der Tag der offenen Schultür, eine Projektwoche oder ein Fest sein. Hier wird den Eltern und der Öffentlichkeit Spielen und Lernen als Einheit präsentiert. Als Höhepunkt wird dann ein Puppenspiel oder Kasperlestück aufgeführt. Zahlreiche kleine und große Anlässe finden sich im Schulalltag, im Jahreskreislauf, als Zwischendurch-Theater, um Mitschüler zu überraschen und in der eigenen Gruppe als Gäste einzuladen. Besonders Schulneulinge oder Kindergartenkinder, die ihre zukünftige Schule im Vorfeld besuchen, sind dankbare Gäste!

Bauanleitungen und Spielideen

Figuren aus Alltagsgegenständen

Alter: ab 4 Jahren
Material: alte und neue Kämme und Bürsten
aller Art; Tonpapier in Farben nach Wahl;
Perlen; Wackelaugen; Knöpfe; Pompons;
Luftschlangen; Federn; Lametta; Filz oder
Stoff; Paillettenbrosche; Schaschlikstab;
Schere; Klebstoff

Einführung

Die Kinder stehen um einen Tisch, auf dem die
ungewöhnlichen Materialien ausliegen. Die Kinder betrachten sie und berichten, wozu Kämme
und Bürsten benötigt werden. Ein Kind legt aus
den bereitliegenden Utensilien ein Kamm-Tier,
ein zweites einen Bürsten-Vogel. Jedes Kind ent-
scheidet nun für sich, ob es ein Tier oder einen
Menschen basteln möchte.

Bauanleitung

Für die **Bürstenvögel** dient der Bürstenstiel als
Haltevorrichtung.
Mit der Ausgestaltung des Kopfes beginnen.
Dazu Augen aus Perlen, Knöpfen oder Wackel-
augen, Nase und Mund aus zugeschnittenem
Tonpapier aufkleben.

Zur eindeutigen Figurenklassifizierung einen Kopfschmuck wie z.B. einen Hut oder eine Krone anbringen.

Für Tiere Ohren, Schnäbel, Beine, Flügel und Zähne aus Tonpapier oder Filz gestalten (Vorlagen → S. 93). Mit Klebstoff den Schwanz aus Federn oder zugeschnittenen Luftschlangen anfügen.

Beim **Kamm-Krokodil** von hinten einen Schaschlikstab als Führung ankleben.

Spielidee

Jedes Kind stellt seine Figur vor, berichtet von dessen besonderen Fähigkeiten, und wie sie angesprochen wird: «*Ich bin der Wüstenvogel Tschirp-Tschirp. Ich bin der beste Sänger der Welt und hier hört ihr meine Gesangskostprobe*»

Spielvarianten

- ❯ Das Kammkrokodil beschwert sich beim Tierpfleger über zu wenig Streicheleinheiten.
- ❯ Ein Vogelpaar beschließt, gemeinsam ein Nest zu bauen.
- ❯ Bürsten-Igel und Kamm-Hase spielen das Märchen »Wettlauf zwischen Hase und Igel« nach.

Kochlöffel

Alter: ab 4 Jahren
Material: Kochlöffel aller Art und Größe aus Holz oder Plastik, mit oder ohne Rührloch; kleine Schöpfkellen; Topfreiniger; Geschenkrosetten; Stoffblüten; Pompons; Engelshaar; Märchenwolle; Knöpfe; Chenilledraht; kleines Schneckenhaus; Holzmarienkäfer; Plastikringe; Wackelaugen; wasserfester Filzstift in Rot; Papierserviette; Schere; Klebstoff

Einführung

Die Kinder sitzen um einen großen Tisch. Die Spielleitung hat die benötigten Utensilien darauf ausgebreitet. Die Kinder beschreiben sie. Die Spielleitung sagt: »*Heute dürft ihr ungewöhnliche Spielpuppen aus Kochlöffeln erfinden. Ihr denkt, das geht nicht, weil Kochlöffel in die Küche gehören und man damit eine Suppe umrührt? Wer möchte einmal aus den bereitgelegten Materialien eine Spielpuppe bauen?*« Die Kinder bauen, agieren während des Gestaltens spontan mit den Kochlöffelpuppen und beginnen kleine Dialoge untereinander.

Bauanleitung

Der Kochlöffelstiel dient als Haltegriff.
Die Rührfläche zum Gesicht mit Wackelaugen und Perlen- oder Knopfnase gestalten. Den Mund aufmalen oder ein Stück Chenilledraht

verwenden. Nach Wahl einen Bart aus Märchenwolle gestalten. Alle Teile aufkleben.

Die Frisur mit Engelshaar oder mithilfe einer Geschenkrosette gestalten.

Für ein Kleid eine Papierserviette benutzen, dieses nach Wahl mit einer Stoffblüte und Pompons schmücken.

Tipps

> Für ein Überraschungstheater ein Doppelgesicht fertigen: Liebes Gesicht vorne, böses Gesicht auf der Rückseite gestalten.

> Nach dem Spiel alle Kochlöffel-Spielfiguren spielbereit in leere Flaschen stellen.

Spielidee

Zwei oder mehrere Kinder stehen vor der Gruppe und stellen ihre Handpuppen vor: *»Ich bin die feine Dame Kunigunde und gehe zum Kaffeeklatsch.* Eine andere Puppe antwortet: *»Ich heiße Katharina und möchte mitgehen.«* Zwei weitere Puppen sagen: *»Da kommen wir auch mit.«* Sie beschließen, alle gemeinsam zum Kaffeeklatsch aufzubrechen und unterhalten sich dabei.

Spielvarianten

> Belauschte Gespräche in der Küche über Arbeitsaufgaben, Kochen und Lieblingsgerichte.

> Ein Kochlöffel diskutiert mit dem Kartoffel-
stampfer über Wertschätzung.
> Streitgespräch: »*Mit dem Kochlöffel wird ge-
kocht und nicht geschlagen!*«

Schneebesen und Bratwender

Alter: ab 5 Jahren
Material: Schneebesen und Bratwender,
gebraucht oder neu; Wackelaugen; Holzperlen
mit Bohrung; Chenilledraht; Pompons;
Luftpolsterfolie; Schraubverschluss; Tonpapier
in Farben nach Wahl; wasserfester Filzstift in
Schwarz; Klebstoff; Schere; Klebefilm; Knete

Einführung
Jedes Kind nimmt sich aus einem Karton eines
der darin befindlichen Küchengeräte heraus.

Spontan fechten die Kinder miteinander oder
trommeln auf den Tisch. Die Spielleitung nimmt
den umgestalteten Schneebesen oder Bratwender in die Hand. *«Hallo Kinder, leider kann ich
euch nicht sehen. Möchte mir jemand Augen aufkleben?»* Die Kinder agieren sofort. *»Wow, wie
hübsch ihr alle seid. Aber ich bin ja noch gar nicht
angezogen, kann mir jemand helfen?«*

Bauanleitung
Der Schneebesen- oder Bratwender-Stiel dient
jeweils als Haltegriff.
Den **Schneebesen-Clown** mit Wackelaugen,
Pompon-Nase und Chenilledraht-Mund ausstaf-
fieren. Alle Teile mit Knete oder Klebstoff be-
festigen.
Für das Kleid des Schneebesens in die zuvor zu-
geschnittene Luftpolsterfolie mit der Schere
vorsichtig mittig ein Loch hineinbohren, das
Kleid von unten nach oben überstreifen. Mit
Klebefilm am Stiel festkleben.
Chenilledraht zuschneiden und als Arme auf der
Rückseite des Kleides festkleben. Kleine Holz-
perlen als Hände auffädeln.
Für den **Schneebesen-Hasen** Tonpapierohren,
-auge und Schnurrhaare (Vorlagen ➔ S. 94) sowie Watteschwanz und Pomponnase anbringen.
Für das **Bratwender-Huhn** ein Auge aus einem
Schraubdeckel mit aufgeklebtem Wackelauge
gestalten, Schnabel, Kamm, Kehllappen (Vorla-
gen ➔ S. 93, »Bürstenvögel«) und Schwanz
(Vorlagen ➔ S. 94) aus Tonpapier anbringen

Tipp
Nach dem Spiel alle Figuren zur Dekoration in
Löcher von Ziegelsteinen auf das Fensterbrett
stellen.

Spielidee

Die Kinder agieren spontan und erproben an ihrem Tisch die zarten Handpuppen. Ihre Wortwahl und Gesprächslautstärke passt sich unbewusst dieser Figur an. Die Figuren dürfen sich nur vorsichtig nahekommen, damit sie sich nicht verhaken. *»Wer bist denn du? Und wie heißt du? Bist du neu hier? Wollen wir Freunde sein?«* sind z. B. ein guter Spielbeginn.

Spielvarianten

➤ Hase und Huhn beraten, wie die bunt bemalten Eier versteckt werden, damit kein Dieb sie stehlen kann. Doch oh Schreck, da schleicht ein Fuchs herum, den Hase und Huhn fürchten!

➤ TänzerInnen tanzen ein Schneebesen Ballett.

➤ Der Schneebesen tröstet den hingefallenen Bratwender.

➤ Streitgespräch, wer wohl in der Küche nützlicher ist.

Topfreiniger

Alter: ab 5 Jahren
Material: farbige Kunststoff- oder silberne
Metall-Topfreiniger; Tonpapier;
Aluglanzkarton in Gold; Schaschlikstäbe;
Herzknopf; Wackelaugen; Muggelstein in Rot;
Perlenkette in Gold; Geschenkpapier oder
Papierserviette nach Wahl; Schere; Klebstoff

Einführung
Die Spielleitung spricht mit den Kindern über
die vorbereiteten Materialien und fertigt erklä-
rend eine Figur an.

Bauanleitung
Den Schaschlikstab als Spielstab unten in den
Topfreiniger stecken.
Für den **Teddy** aus farbigem Tonpapier Schnauze
und Ohren entwerfen, Wackelaugen und einen
Herzknopf als Nase aufkleben. Eine Serviette
als Kleid überstreifen, nach Wunsch eine Perlenkette als Halsschmuck ergänzen
Dem **Vogel** einen Schnabel (Vorlage → S. 93,
»Bürstenvögel«) ankleben, das Wackelauge mithilfe eines Muggelsteines betonen. Eine goldene Krone aus passend zugeschnittenem Alu-
karton oben aufkleben.
Der Schwanz des Vogels besteht aus mehreren
verschiedenfarbigen Federn (Vorlage → S. 94,
»Bratwender-Huhn«), diese ausschneiden und
aufgefächert übereinander kleben.

Tipp
Auch Fische, Pinguine, Raben oder Eulen aus-
probieren. Räuber oder Vampire sind ebenfalls
spannend!

Spielidee
Der kleine Bär stellt sich vor: » *Hallo, kennt ihr
mich denn nicht? Ich bin Pu, der kleine Honigbär.
Stellt euch vor, als ich neulich auf den Baum klet-
terte, um mir die leckeren Honigwaben zu holen,
da ist mir doch etwas Seltsames passiert. Als ich
gerade mit der Leckerei vom Baum herunterklet-
terte, stand plötzlich ein großer mächtiger Braunbär am Fuße des Baumes und brummte mich un-
freundlich an: »Danke, dass du die Honigwaben
heruntergeholt hast und mir schenken wirst, in
meinem Alter kann ich nicht mehr so gut auf
Bäume klettern.«* (Die Geschichte nach eigener
Fantasie fortführen.)

Spielvarianten

> Papageien im Urwald tauschen sich Neuig-
keiten aus.
> Der Fisch ruft um Hilfe: Wer kann ihn vom
Angelhaken oder aus dem Fischernetz be-
freien?
> Vampir und Dracula streiten sich um Beute
(schlafendes Ferkelchen), jeder beansprucht
es für sich
> Verbrecherjagd: Topfreiniger-Kommisssar
verfolgt Topfreiniger-Dieb

Hammer und Beißzange

Alter: ab 6 Jahren
Material: Schale; Nägel; Holzscheiben;
Bretter; Hammer; Beißzange; Wackelaugen;
Chenilledraht; Perle; Bastelwatte;
Märchenwolle; Stoffblüte; Perlenkette;
Verschlüsse von Gefäßen; Klebstoff

Einführung

Die Spielleitung bittet die Kinder, Hammer und
Beißzange von zu Hause mitzubringen. *»Zeigt
mir doch euer Handwerkszeug.«* fordert sie die
Kinder auf. Sie stellt eine Schale mit kleinen Nä-
geln auf den Tisch. Sie bittet ein Kind, die vorbereiteten dicken Holzscheiben und Bretter auf

den Tisch zu legen. Gemeinsam wird besprochen, wie man ohne Verletzungen einen Nagel richtig einschlägt und ihn mit der Beißzange wieder herauszieht. Während die Kinder lustvoll und lautstark agieren, verwandelt die Spielleitung ihre beiden Handwerksutensilien in Herrn Hammer und Frau Beißzange. Lautstark beginnen sich diese zu streiten. Die Kinder sind verblüfft, nehmen sich die benötigten Utensilien und beginnen ihre eigenen, ungewöhnlichen Handspielpuppen zu bauen.

Bauanleitung

Die Werkzeuggriffe sind die Haltestäbe zur Figurenführung.

Hammer und Beißzange erhalten seitlich oder frontal Augen, Nase und Mund. Als Kopfbedeckung dient Märchenwolle.

Nach Wahl eine Stoffblüte und eine Perlenkette als weiterer Schmuck oder einen Bart aus Bastelwatte anbringen und Hammer und Beißzange dadurch einem Geschlecht zuordnen.

Spielidee

Einige Kinder bilden Paare, wählen sich einen Konflikt aus, besprechen kurz den Inhalt der Handlung, jedoch keine Lösung. Die anderen Kinder schauen zu. Sie merken sich den Ablauf der Spielhandlung. Größere Kinder machen sich Notizen. Was bewirkt das Spiel, welche Lösungsvorschläge werden angeboten, welche

Sprache und Worte begleiten das Spiel und wie ist der Spielausgang? Nach jedem Spiel die Szene analysieren. Ein Konflikt könnte z. B. sein: *»Ich habe zuerst mit diesem Auto gespielt, also gehört es mir!« »Aber ich war zuerst in der Bauecke, also ist es mein Auto!«*

Tipps

> Konflikte lösen: Die Figuren dürfen rangeln, sich berühren und sich sprachlich handfest auseinandersetzen. Geräusche, auch kraftvolle Ausdrücke sind erlaubt. Bei realen Berührungen darauf achten, dass niemand verletzt wird.
> Vereinbaren, ob das nächste Spiel einen positiven, negativen, friedlichen oder feindlichen Ausgang nimmt. Ideen sammeln, interpretieren, gegenüberstellen und ein Fazit daraus ziehen.

Spielvarianten

> Der Hammer ist wütend: Sobald er einen Nagel einschlagen will, beginnt ein Disput zwischen ihm und dem Nagel. Der Nagel wehrt sich, jammert über die ungerechten harten Schläge, bittet vor jedem Schlag um Verschonung. Die zuschauenden Kinder beobachten. Entsteht Mitleid? Wird die Wut verstärkt? Wann endet das Aggressionspotential? Transfer zu Gefühlen und Auswirkungen im Alltag herstellen.
> Einen Mitschüler falsch beschuldigen
> Mutprobe vereinbaren und durchführen
> Mehrere Hämmer rotten sich zusammen, um jemanden zu überfallen oder eine Lehre zu erteilen.

Luftballons

Alter: ab 5 Jahren
Material: Luftballons in unterschiedlichen Größen, Formen und Farben; Toilettenpapierröhre; Tonpapier; Krepppapierstreifen; wasserfeste Filzstifte; Federn; Geschenkpapier; leere Flasche; Schere; Klebstoff; Schnur

Einführung

Luftballons besitzen einen hohen Aufforderungscharakter. *»Heute basteln wir einen Freund, nehmt ihr diesen mit nach Hause, überrascht ihr eure Mama.«* erklärt die Spielleitung. In der Raummitte liegt ein seltsamer, mit einem Tuch verhüllter Berg. Die Spielleitung zieht einen aufgeblasenen Luftballon heraus. *»Das wird euer*

neuer Freund. Welche Augenfarbe, Nase oder Haarpracht soll er bekommen?« Gemeinsam staffieren die Kinder einen Luftballon aus. Dieser bittet die Kinder, ihm einen eigenen neuen Freund zu basteln.

Bauanleitung

Die Papierröhre senkrecht halten und bis zur Mitte einschneiden.

Den Luftballonhals durch die Papierröhre ziehen, den Knoten durch den Schlitz nach außen schieben. Den Luftballon auf den Flaschenhals setzen, so kann er nicht wegfliegen.

Große Buntpapieraugen mit Pupille sowie Mund und Nase zuschneiden, bemalen und aufkleben. Unterschiedlich lange bunte Krepppapierstreifen am Hinterkopf zu Flatterhaaren anfügen. Als Stirnfranzen eingeschnittene Krepppapierstreifen anbringen.

Nach Wahl eine Krone aus Tonpapier entwerfen und aufsetzen.

Aus Krepppapier einen Umhang um die Halsröhre anbringen.

Nach dem Spiel eine Halteschnur anbinden und die Figur mit nach Hause nehmen oder auf Flaschen gesetzt als Schmuck im Eingangsbereich der Schule oder der Klasse aufstellen.

Spielidee

Alle Kinder laufen mit ihrem neuen Freund durch den Raum, sie begrüßen sich, stellen sich vor, plaudern miteinander, gehen weiter und erkunden den ganzen Raum. Auf ein Zeichen bilden sie einen großen Stehkreis und singen gemeinsam ein Faschingslied, ehe die Luftballonfiguren zu ihrem Flaschenplatz zurückkehren.

Spielvarianten

➤ Thema: »Während der Pause ist auf unserem Schulhof allerhand los!«

➤ Zuschauer beim Fußballspiel, Autorennen oder Boxkampf unterhalten sich.

➤ »Wir gehen auf ein Faschingsfest und stellen uns vor.«

Waschhandschuhe

Alter: ab 4 Jahren
Material: Waschlappen; Fingerhandschuh aus Wolle; unterschiedlich große Knöpfe; Chenilledraht; Engelshaar; Schleife; Schere; Klebstoff; Kordelschnur; Wäscheklammern

Einführung

Die Kinder sitzen im Kreis. Die benötigten Materialien liegen auf dem Tisch bereit. Die Spiel-

leitung hält einen Waschhandschuh hoch und die Kinder berichten, wozu er benötigt wird. Die Spielleitung schlüpft mit der Hand hinein, streckt Daumen und kleinen Finger durch die zuvor von ihr eingefügten Löcher. »Hallo, *ich bin Klein-Emrana davongelaufen, um zu sehen, wie ihr euch im Kindergarten wascht!*« Die Kinder erzählen, dass sie hier keinen Waschlappen benötigen. *»Aber ich möchte so gerne mit euch spielen! Da auf dem Tisch liegen doch viele bunte Sachen, klebt sie mir einfach auf!*« bittet der Waschlappen die Kinder.

Bauanleitung

Die Vorderseite des Waschlappens zu einem Kopf gestalten.

Das Gesicht mit Knopfaugen und -nase sowie Chenilledraht-Mund ausstaffieren, Kringelband als Haare ankleben.

An beiden Waschlappenseiten zwei kleine Schlitze für den kleinen Finger und den Daumen einschneiden.

Die Waschlappen können nach dem Spiel mit Wäscheklammern an einer aufgespannten Schnur aufgehängt werden.

Tipps

> Unten am Waschlappen zwei lange Kordelbeine mit Holzperlenschuhen anbringen.
> Die Haare können auch aus Feenhaar, Märchenwolle oder Fell gestaltet werden.

Spielidee

Jedes Kind stellt der Gruppe seine Puppe mit einem lustigen Namen vor und warum sie zu Gast ist, z. B.: *»Ich bin Schnurzipurz und erzähle euch, wie ich als Waschlappen-König lebe. In meinem Land putzen wir damit unser Auto, unsere Schafe, unsere Wolken.«* Die Kinder verbessern ihn.

Spielvarianten

> Diskussionsspiel: »Nein, heute wasche ich mich nicht!« (zwei oder mehrere Spieler)
> Der Waschlappen träumt, er wäre ein Kuscheltier, Hund, Sofakissen, Taschentuch, König …
> Zwei Waschlappen erzählen sich, wie turbulent es morgens im Badezimmer zugeht.

Schwämme

Alter: ab 4 Jahren
Material: kleine und große Schwämme; Tonpapier; Engelshaar; Chenilledraht; Verschluss von Flüssigkleberflasche; Wackelaugen; Schleifenband; Perlen; Perlenkette; Luftschlangen; wasserfester Filzstift; Klebstoff; Schere; Spielstab

Einführung

Ein fertig gestalteter Schwamm begrüßt die im Kreis sitzenden Kinder: *»Ist euch auch so warm? Also ich hätte Lust, etwas im Wasser zu plantschen. Und außerdem liebe ich das Fliegen. Es ist toll, durch die Luft zu sausen und auf eurem Rücken zu landen. Also schaut mich genau an, bastelt mich nach und wir treffen uns draußen zur imaginären Spiel-Wasserschlacht.«*

Bauanleitung

Den Spielstab unten tief in der Schwamm-Mitte einstecken.

Augen aus Tonpapier entwerfen. Perlen oder Wackelaugen sowie eine Nase aus einer Klebstoff-Verschlussklappe und einen Chenilledraht-Mund aufkleben.

Den Kopf mit Engelshaar oder Luftschlangen als Haarpracht und evtl. noch mit einer selbst entworfenen Tonpapier-Krone schmücken.

Spielidee

Ein Kind überlegt sich eine kleine Spielgeschichte und spielt sie vor, z. B.: *»Eigentlich wasche ich am allerliebsten ein Auto. Dann tauche ich in den Wassereimer und mein Besitzer flitzt mit mir wie ein Flitzebogen über das Auto. Schaut, so rubbele ich Kreise, renne rauf und runter, bis ich atemlos bin. Und wenn mein Besitzer dann wie ein Honigkuchenpferd strahlt, bin ich rundum glücklich.«*

Spielvariante

Hygiene und Sauberkeit thematisieren: Was passiert, wenn man diese zu wenig beachtet: *»Waschen finde ich doof und außerdem ist Wasser viel zu nass. Ich finde es nicht schlimm, wenn man müffelt. Ungewaschen in die Schule gehen finde ich einfach cool.«* (Proteste der Zuschauer herausfordern)

Tuchpuppen

Alter: ab 6 Jahren
Material: dünnes Geschirrtuch; Wackelaugen;
Pompon in Rot; breites Kräuselband;
Geschenkschleife; Tonpapier; Stab; Schere;
Klebstoff; evtl. etwas Watte

Einführung

Die Spielleitung fordert die Kinder auf, das von
ihr mitgebrachte Geschirrtuch im Kreis herum-
zureichen, zu befühlen, zu knuddeln und ausei-
nanderzuziehen. Kommt es zu ihr zurück, verwandelt sich das Geschirrtuch Schritt für Schritt
in ein mit leiser, ängstlicher Stimme flüsterndes
Hasenkind: *»Ach herrje, ich habe mich verlaufen
und finde nicht mehr in mein Kleefeld zurück. Da
erhole ich mich lieber hier bei euch«*. Die Kinder
sind sicher sofort fasziniert!

Bauanleitung

Das Geschirrtuch auf dem Tisch ausbreiten. Das
obere Tuchende anfassen, zu einem Knoten
schlingen. Ein oder beide Zipfel ragen über dem
entstandenen Kopf als Haare oder Ohren heraus. Ansonsten Tuchzipfel einschlagen und »verschwinden« lassen. Spielstab einführen.
Bei Bedarf den Kopf innen mit etwas Watte ausstopfen. Mit Kräuselband abbinden. Wackelaugen und einen Pompon als Nase anbringen. Eine
Geschenkschleife wird zum Hasenbart, diese
unter der Tuchfalte einfügen. Zwei Hasenzähne
aus Tonpapier ergänzen. Alle Teile aufkleben.

Tipps

> Bei Bedarf Haarpracht, Krone, Zauberhut,
Indianerstirnband, Federn usw. anbringen.
> Auf Seite 82 findet sich ein passendes Spiel-
stück für Hase und Indianer.

Spielidee

Hoppelhäschen erzählt, wie es dem Ober-Os-
terhasen in Hasenhausen zur Hand geht. *»Früh
am Morgen hole ich bei der Henne Gagagagack
die bestellten Eier ab. Vorsichtig trage ich sie ins
Osterhasendorf. Dort warten alle meine Freunde
schon sehnsüchtig auf mich. Wir schnappen uns
Farbeimer und Pinsel und los geht's. Das ist ganz
schön anstrengend für unsere Hasenpfoten!«*

Spielvarianten

> Indianer »Klein Adlerauge« erzählt vom
Fischfang.
> Zauberer Kalifari bildet einen Zwerg zum
Zauberlehrling aus (mit witzigen Zauber-
Fehlversuchen).
> Treffen der Prinzen und Prinzessinnen aus al-
ler Welt zur großen Hochzeitsgala

Alter: ab 4 Jahren
Material: Astteile; Zapfen; Märchenwolle;
Engelshaar; Chenilledraht; Tonpapier; bunte
Federn; Wackelaugen; Perlen; Perlenkette;
Herbstblätter; wasserfester Filzstift; Klebstoff;
Schere

Einführung

Mit den Kindern das Bilderbuch: »Stockmann«
von Axel Scheffler betrachten. Darin geht es um
einen Stockmann, der stets in höchster Not und
Gefahr ist, weil ihn alle mit einem ganz gewöhn-
lichen Stock verwechseln. Ein besonderes und
animierendes Bilderbuch mit wunderbaren
Zeichnungen und Texten, das seine Wirkung auf
die zuhörenden Kinder nicht verfehlt.

Bauanleitung

Die benötigten Materialien zusammentragen.
Für **Stockfiguren** die Äste jeweils senkrecht vor
sich auf den Tisch legen, die obere Hälfte zum
Gesicht ausstaffieren. Attribute wie Bart, Hals-
kette, Blätterrock o. Ä. für die Geschlechtszu-
weisung anbringen. In verzweigte Ästchen
Haare aus beliebigen Materialien wie Märchenwolle oder Engelshaar einfügen.
Für den **Zapfen-Vogel** einen Schnabel, die Füße
und die Augen aus Tonpapier fertigen (Vorlagen
→ S. 94), den Kopfschmuck mit bunten Federn
gestalten.

Tipps

➤ Aufgeplatzte Kastanien am Zweig mit grüner
  Hülle zum Leben erwecken!

> Aus Tannen- und Kiefernzapfen entstehen auch Eulen und andere Tiere. Stab anbringen und los geht das Spiel!
> Stockfiguren und Kastanien-Gnome nach dem Spiel zur Dekoration in Flaschen stellen.
> Tannenzapfen-Tiere auf Moos oder einen Herbstblättertisch zwischen Astflaschen anordnen.

Spielidee

Auf dem Weg liegt ein Ast, plötzlich richtet er sich auf und läuft los. Da begegnet ihm Frau Ast und beide staunen, dass sie lebendig sind. Sie lernen sich näher kennen und lieben und gründen eine Familie.

Spielvarianten

> Tannenzapfen-Eulen berichten über ihr Nachtleben.
> Der Kastaniengnom erzählt ein Märchen.

Becher

Alter: ab 4 Jahren
Material: farbige Plastik- oder Pappbecher; feste Papierserviette; Märchenwolle; Engelshaar; Kringelband in Gold; Chenilledraht und Glitzer-Chenilledraht; Tonpapier; Wackelaugen; Perlen; Knopf; wasserfester Filzstift; Klebstoff; Schere

Einführung

Die Kinder schauen sich die bereitgestellten bunten Plastikbecher an und rätseln, was es wohl Leckeres zu Trinken gibt. Die Spielleitung erklärt, dass aus diesen Bechern nicht getrunken, sondern damit gebastelt wird. Sie stülpt sich eine Serviette über die Hand, greift in einen Becher hinein und brummt: *»Ich tauge doch nicht nur für Getränke, nein! Heute will ich euer Spielpartner sein!«*

Bauanleitung

Den Becher mit der Öffnung nach unten vor sich hinstellen oder -legen.

Die Haare aus Engelshaar oder Kringelband drapieren und oben aufkleben. Augen, Nase und Mund gestalten.

Für Bechertiere Ohren entwerfen. Füße, Arme und Schnurrhaare aus Tonpapier ergänzen (Vorlagen → S. 94 und bei »Schneebesen-Hase«). Den Schwanz aus einem Stück Chenilledraht oder etwas Märchenwolle gestalten.

Die Serviette auffalten, in den Becher drücken, seitlich zwei Finger als Spielöffnungen durchstechen.

Zu einer Faustpuppe mit Zeige-, Ring- und Mittelfinger in den Becher greifen. Daumen und

kleinen Finger durch die Öffnungen schieben und losspielen!

Spielidee

»Gestatten, ich bin Schlürfi-Schlürf, eure neue Faustpuppe. Heute mache ich mal echten Schlürfi-Blödsinn. Ich bin gespannt, ob ihr mir sagen könnt, wie ich mich besser benehmen kann. Ich sehe es euren Nasenspitzen genau an, dass ihr die Lösung wisst. Also ich schlürfe laut und dann spucke ich meinen Saft wie ein Wal durch die Gegend!« Prustend und lachend erklären die Kinder ihm gutes Benehmen.

Spielvarianten

> Ein Becher wird in eine Blumenvase, einen Bleistifthalter oder einen Tischtrommler verzaubert.

> Luft aus dem Becher «trinken» und schon klebt er von allein am Mund!

> Der Becher kann auch als Rettungsboot, Mäuse-Unterschlupf oder Kraken-Wohnung dienen!

Teesiebe

Alter: ab 4 Jahren
Material: zwei kleine Teesiebe aus Metall;
Schnur; Efeuzweig; Schleifenband; Knopf;
Wackelaugen; Chenilledraht und Glitzer-
Chenilledraht; Serviette; Klebstoff; Schere

Einführung

Auf dem Tisch liegt unter einem Tuch eine fertige Teesieb-Handpuppe versteckt. Die Spielleitung greift unter das Tuch, holt sie hervor und
begrüßt die staunenden Kinder. *»Hallo, darf ich
mich vorstellen? Ich bin ein kleiner Waldgnom und
komme aus dem Zauberwald hinter dem großen
Gebirge am Ende der Welt. Schaut mich an und
sagt, woraus ich entstanden bin!«* Die Kinder berichten. *»Habt ihr Lust, mich nachzubauen? Dann
geht an den Nebentisch und sucht eure Wunschmaterialien aus.«*

Bauanleitung

Die beiden Teesiebe mithilfe einer Schnur zusammenbinden. Der »doppelte« Stiel dient als
Haltestab.
Den Kopfschmuck aufkleben, Schmuckschleife
anbringen. Wackelaugen und Knopfnase sowie
einen Mund aus Glitzer-Chenilledraht ankleben.
In die Serviette mittig ein Loch schneiden, Sieb-
stäbe durchstecken und mit einem Stück Chenilledraht als Schal befestigen.

Tipps

> Für Tiere oder Fabelwesen große Papier-
  oder Knopfaugen anbringen. Flügel, Hörner,
  Maul, Ohren dann wahlweise aus Papier, Filz
  oder Leder zuschneiden, den Schwanz aus
  Schnur, Federn, Blättern oder Papierstreifen
  ankleben.
> Nach dem Spiel die Figuren an einem aufge-
  hängten, blattlosen, verzweigten Ast anbringen oder in Ketchupflaschen stellen.

Spielideen

Die Kinder schließen sich zu kleinen Spielgrup-
pen zusammen und beraten miteinander ein
kleines Spielthema aus dem Alltag, z. B.: *»Lasst
uns unseren Schulweg nachspielen, wie wir unsere
Freunde abholen, den Zebrastreifen überqueren
und sicher zur Schule kommen.«* Jede Kinder-
gruppe führt ihre Spielidee vor und Applaus belohnt die Akteure.

Spielvarianten

> Der rasende Reporter berichtet aus dem
  Schulalltag.
> Streitschlichter vermitteln auf dem Schulweg
  oder dem Pausenhof.
> Urwelttiere zu neuem Leben erwecken

Korken

Alter: ab 5 Jahren
Material: Korken; Glaskopfstecknadeln;
Stecknadeln; Messer; Schneidebrettchen;
Schaschlikstab; Wackelaugen; Perlen;
Zahnstocher; Tonpapier; Watte; Bohrer; kleine
Handsäge; evtl. Kunstfell

Einführung

Für Kindergarten- und Grundschulkinder ist der
Besuch einer Igelstation spannend. Viele Kinder haben noch nie einen lebendigen Igel gesehen oder gar angefasst. Die Igelstation mit einigen ihrer Stachelritter in die Einrichtung
einzuladen, ist ein bleibendes Ereignis. Im Vorfeld sammeln Kinder und Eltern alle Informatio-
nen über den Igel. Gemeinsam recherchieren
sie, sammeln Fotos und Texte, um z. B. zum Ende
eines Jahresprojektes ein Igelfest mit selbst ge-
staltetem Igelbuch anzubieten.

Bauanleitung

Für einen **Korkigel** mit dem Messer vorsichtig
eine Schnauze schnitzen und bei Bedarf den
Korken mittig durchschneiden. Den ganzen oder
halben Korken auf der gewölbten Oberseite mit
einem Stachelkleid aus Stecknadeln oder halben
Zahnstochern versehen, diese jeweils eng anei-
nanderstecken. Vorn das Gesicht freilassen, dieses mit aufgeklebten Wackelaugen und einer
Perlennase schmücken.

Für das Spiel mit dem Igel den Schaschlikstab an der Bauchunterseite einstecken.

Für einen **Korkhasen** auf einen hochkant gestellten Korken als Körper, einen weiteren Korken quer als Kopf aufsetzen. Ohren, Schnurrhaare und Gliedmaßen aus Tonpapier entwerfen. Wackelaugen, Perlennase und Watteschwänzchen anfügen.

Tipps

> Zur Dekoration können z. B. auf einem Tisch Laubblätter aufgestreut und die Igel in die Blätternester gesetzt werden.
> Auch ein Löwe und ein Schwein können aus Korken entstehen (→ Foto unten).

Spielidee

Die Spielleitung erzählt den Kindern das Märchen »Der Wettlauf zwischen Hase und Igel«.

Dabei begleiten die Kinder mit den Figuren spielend die Geschichte. Die Spielleitung fordert sie auf, die wörtlichen Reden spontan selbst zu formulieren: Der stolze Hase traf den Igel und sprach in barsch an: *»Wohin des Weges, Herr Igel?«* Der Igel antwortete *»Guten Morgen, Herr Hase, ich schaue nach meinem Rübenfeld und kontrolliere, ob die Rüben gut gewachsen sind.«*

Spielvarianten

> Ein Igel erzählt, wie er fast von einem Auto überfahren wurde.
> Igel berichten über ihren Besuch in der Einrichtung.
> Aus der Bücherei ein Bilderbuch, in welchem Igel die Hauptrolle spielen, ausleihen und im Stegreifspiel nachspielen

»Essbares« Theater

Zwiebel, Gurke & Kartoffel

Alter: ab 4 Jahren
Material: je 1 Gabel; Gemüse aller Art wie
Zwiebel, Gurke oder Kartoffel; Kohlblätter;
Stecknadeln oder Zahnstocher; Herbstblätter;
Chenilledraht; Knöpfe; Stoffblüten;
Holzperlen; Wackelaugen; Märchenwolle;
Watte; bunte Reißzwecken; Stoff oder feste
Serviette; wasserfester Filzstift in Rot; Schere;
Messer

Einführung

Alle Kinder sitzen um einen großen Tisch und
breiten ihr von zu Hause mitgebrachtes Gemüse
aus. Sie tasten das Gemüse ab, wiegen es in der
Hand und schnuppern daran. Sie erweitern oder
festigen ihr bisheriges Wissen: Wo wächst das
Gemüse? Wie wird es geerntet und was macht
man daraus? Die Spielleitung hat auf kleinen Tel-
lern Gemüse fein aufgeschnitten, die Kinder
kosten davon und beschreiben die Geschmacks-
proben. Für das Gestalten der Puppen tauschen
sich die Kinder alle benötigten Materialien
untereinander aus.

Bauanleitung

Das entsprechende Gemüseteil auf die Gabel
stecken. Der Gabelstiel wird zum Spielstab.
Stoffblüten werden z. B. zu Augen, farbige Reißzwecken oder Perlen zur Nase, etwas Watte
zum Bart, ein Stück Chenilledraht zum Mund.

Der Zwiebel mit einem wasserfesten Stift rote Wangen malen und nach Wahl noch einen Hut aus Kohlblättern aufsetzen – diesen mit Stecknadeln oder Zahnstochern befestigen.
Farbigen Stoff oder eine Papierserviette über die Gabel legen, durchstechen – fertig ist der Umhang!

Tipp

Auch Möhren, Sellerie, Kohlrabi, Maiskolben oder Kürbisse eignen sich als Spielfiguren.

Spielidee

Frau Kartoffel ist im Keller. Plötzlich schreit sie laut und entsetzt auf: *»Hilfe, Hilfe, eine Maus!«* Die kleine Maus bittet, sie am Leben zu lassen: *»Ich bin doch noch so winzig klein!«* Allmählich verliert Frau Kartoffel ihre Angst und beide verlassen als Freunde den Keller.

Spielvarianten

➤ Möhren-Schnecke und Sellerie-Mann unterhalten sich über ihre Nützlichkeit.
➤ Kartoffelmäuse erzählen, wie sie den fetten Kater hereingelegt haben.
➤ Gemüseritter fechten miteinander um die Gunst des Kartoffel-Burgfräuleins.

Orange, Kiwi, Banane & Co.

Alter: ab 4 Jahren
Material: je 1 Gabel; schälbares, festes Obst wie Orange, Apfel, Kiwi, Banane; Apfelringe, Aprikosen und Datteln; Glaskopfstecknadeln oder halbe Zahnstocher; Tonpapier; Wackelaugen; Luftschlangen; Tortenspitze; Federn; Schleifenband; Chenilledraht; Perlen; feste, große Servietten

Einführung

s. »Zwiebel, Gurke & Kartoffel« (→ S. 28)

Bauanleitung

Das Gesicht der Obstfiguren mithilfe von Wackelaugen, Perlen, getrockneten Früchten, Chenilledraht und Tonpapier gestalten.

Die Serviette oder den Stoffumhang auf die Gabel stecken, dann den fertig gestalteten Kopf aufsetzen.

Tipps

> Haare können auch aus Blättern, Apfelringen, Feigen, Märchenwolle, Luftschlangen oder Fell entstehen. Diese jeweils mit Stecknadeln befestigen.

> Weitere passende Kopfbedeckungen: Goldpapierkrone, Hexenkopftuch, Zauberhut

Spielidee

»Hallo, Frau Kiwi, wie geht es Ihnen heute?«
»Ganz gut, liebe Frau Banane, ich bin gerade auf dem Weg, meine Nachbarin im Krankenhaus zu besuchen.« Die beiden unterhalten sich, wie die Nachbarin heißt und was ihr passiert ist. Sie beschließen, die Patientin gemeinsam zu besuchen.

Spielvarianten

> Frau Banane und Herr Apfel unterhalten sich über gesunde Pausenverpflegung.

> Zwei Apfelschweine klagen über Bauchschmerzen und berichten, was sie Unbekömmliches vernaschten.

> Ein Apfelindianer führt einen wilden Indianertanz auf.

Eier

Alter: ab 5 Jahren
Material: Plastik-, Styropor- oder
hartgekochte Ostereier; Schaschlikstab;
Zahnstocher; wasserfeste Filzstifte; Ton- und
Geschenkpapier; Perlen; Wackelaugen;
Federn; Märchenwolle; Watte; Schere; Nagel;
Dosenpiekser; Klebstoff

Einführung
Die Spielleitung nimmt ein buntes Plastik-Ei zur
Hand und lässt es fallen. Die Kinder reagieren
erschrocken. »… *ist ja gar kein echtes Ei!*« tönt es
erleichtert.« »*Heute werden wir ein buntes Eier-
Theater basteln, dazu verwenden wir keine echten,
zerbrechlichen Eier.*« erklärt die Spielleitung.

*»Wählt euch aus dem Korb ein Ei aus und über-
legt, was ihr daraus gestalten möchtet.«* Die Kinder tragen ihre Vorstellungen vor.

Bauanleitung

Das Ei senkrecht oder waagrecht legen.

Mit dem Nagel unten in das Ei mittig ein Loch bohren und einen Stab einführen.

Aus Tonpapier je nach gewünschter Figur Hände, Flügel, Flossen, Ohren, Schwanz oder Schnauze entwerfen, zuschneiden und ankleben. Wackelaugen ergänzen.

Tipps

➤ Für ein Marionettentheater mehrere Eier auffädeln, eine Schlange oder einen Drachen gestalten, am Stab anbinden.

➤ Nach dem Spiel die Figuren auf Tonkarton-Ringen platzieren oder in sandgefüllte Blumentöpfe oder Balkonkästen stecken, dazwischen Moos einfügen.

Spielidee

Die Kinder spielen mit den gestalteten Eiern eine kleine Geschichte vor, in der alle Figuren eine Rolle spielen. *»Wir machen eine Reise und starten an unserem Haus, begegnen einem Igel, einer Schnecke, Vögeln, Drachen, Menschen oder Fahrzeugen wie Autos, Flugzeugen oder einem U-Boot. Sie alle machen Geräusche und berichten uns, wie sie die Welt mit ihren Augen sehen.«*

Spielvarianten

➤ Zu Besuch bei den Elfen, Feen und Gnomen

➤ Eine Reise um die Welt

➤ Im Reich der Riesen und Zwerge

Kürbisse

Alter: ab 6 Jahren

Material: verschiedene Kürbisse; Gabel; Messer; Zahnstocher; Tonpapier; Kordel; Chenilledraht; Naturmaterialien wie Blätter, Moos, Hagebutten

Einführung

»Schaut einmal, ich habe euch hier seltsame Gartenfrüchte mitgebracht. Beschreibt sie einmal.« Die Kinder beschreiben die unterschiedlichen Formen, Farben, Muster und Größen. *»Diese sieht wie ein Ufo aus und daneben liegt eine, das könnte ein Drache sein«.* Die Kinder berichten, was sie über Kürbisse wissen. *»Unter diesem Tuch verbergen sich Kürbismäuse, kleine Drachen und sogar eine Eule.«* Ein Kind entfernt das Tuch, die Kinder betrachten und beschreiben die Kürbis-Theaterfiguren.

Bauanleitung

Kürbis senkrecht oder waagrecht auf die Gabel spießen.

Für eine Maus Barthaare aus Zahnstochern einstecken, Ohrschlitze einschneiden und Papier oder kleine Stücke vom Kürbis als Ohren einstecken. Augen und Nase aus Kürbisresten, Knöpfen oder Perlen anbringen.

Kordel oder Chenilledraht als Schwanz hinten einstecken.

Tipps

- ➤ Für Igel werden kleine Ästchen oder Zahnstocher zum Stachelkleid.
- ➤ Eulen erhalten Tannenzapfen-Ohren, einen Blattschnabel, Augen aus Apfelscheiben und Blattflügel.
- ➤ Aus einem großen Kürbis Löcher herausschneiden, Mäuse auf und um den »Käsekürbis« setzen.
- ➤ Zur Dekoration nach dem Spiel die Kürbisfiguren mithilfe einer Gabel in gefüllte Sandflaschen oder auf Ziegelsteine stellen oder in ein Blätter- oder Moosbett setzen.

Spielidee

Die Kinder treffen sich mit ihren Kürbismäusen und -drachen hinter der Spielbühne. Sie denken sich eine Geschichte aus, z. B.: *»Die hungrigen kleinen Drachen wollen sich leckere Kürbismäuse fangen. Nein, nicht zum Essen, sondern um sie zu melken, damit die Drachenfamilie diese köstliche Mäusemilch genießen kann.«* Eine wilde Jagd beginnt.

Spielvarianten

- ➤ Eulen treffen sich um Mitternacht zum Plausch.
- ➤ Igel auf nächtlicher, abenteuerlicher Nahrungssuche
- ➤ Konferenz der Tiere abhalten

Marionetten

Tuch-Marionetten

Alter: ab 8 Jahren

Material: quadratisches Tuch, 50 × 50 cm;
1 Holzkugel, Ø 5 cm; 4 kleine Kugeln, Ø 3 cm;
Filzstifte; Wolle, Fell oder Märchenwolle; Stab;
Perlonfaden; Nadel; Bettlaken oder Leintuch;
CD-Player; CD mit »Eine kleine Nachtmusik«
von W. A. Mozart und beschwingter, lebhafter
Musik nach Wahl

Einführung

Alle Kinder sitzen im Kreis. Sie lauschen Mozarts
»Eine kleine Nachtmusik«, wiegen sich mit dem
Oberkörper im Takt und klatschen leise. Die Kinder erfahren den Einklang von Musik, Bewegung
und Takt. Dies ist die Voraussetzung, die Tuch-
puppen als Tanzgruppe auftreten zu lassen.

Bauanleitung

Die Kugel zum Spielkopf gestalten. Augen,
Nase, Mund und Augenbrauen mit Filzstiften
aufmalen. Haare als Wollhaarbüschel, Märchenwolle oder Fell vorbereiten.
Einen ca. 40–60 cm langen Perlonfaden durch
die Kugel führen, die Haare aufkleben.
Das Tuch auf den Tisch legen, an den Ecken jeweils die beiden Hand- und Fußkugeln anbringen.
Von oben etwa 1/3 des Tuches zur rechteckigen
Form falten. Mit einem Stift die Tuchmitte in die
mit Klebstoff bestrichene Kugelöffnung schieben. Warten, bis der Kopf fest sitzt.
Am Stab den Kopffaden mittig festbinden,
rechts und links die Fäden der Kugelhände.

Tipps

➤ Für bewegliche Marionetten-Köpfe zwischen
Körper und Kopf einen Hexentreppen-Hals
einfügen (➜ S. 40).
➤ Für die Spielbühne ein Leintuch oder Bettlaken längs spannen, an Stuhllehnen oder Kar-
tenständern befestigen. Die Spieler stehen
hinter dem Tuch und lassen die Puppen tanzen. Dazu Kopf und Hände musikalisch bewegen, führen. Die Füße berühren beim Tanz
klackernd den Boden.

Spielidee

Die Spielleitung bietet den Kindern Rap, Pop-
oder Marschmusik an. Jede Puppe darf klackernd tanzen, wie sie möchte. Die Spielleitung
führt und begleitet die Kinder Schritt für Schritt
zu einheitlichen Tanzbewegungen.

Spielvariante

»Cancan« von Jacques Offenbach tänzerisch begleiten

Vogel Strauß-Marionette

Alter: ab 6 Jahren
Material: Wattekugeln in drei
unterschiedlichen Größen; dünne Kordel;
2 Holzkugeln; Nadel; Faden; Wackelaugen;
Tonpapier; Federn; Holzstab; Klebstoff;
Schere; CD-Player und CD mit Musik nach
Wahl; evtl. Kordel, Wäscheklammer

Einführung

Die Spielleitung erzählt den Kindern, dass Vögel bei der Brautschau tanzen und dass sich der
große Vogel Strauß dabei besonders eindrucks-
voll bewegt. Die Kinder tragen ihr Wissen über
den Vogel Strauß zusammen, gestalten ihn als
Partnerpuppe für das Tanz-Mariechen (→ S. 39)
oder für andere Figuren und erproben ein Spielkreuz.

Bauanleitung

In die größte Wattekugel als Rumpf mit der
Scherenspitze seitlich zwei Beinlöcher und für
den Schwanz ein Schwanzloch bohren.
In die Beinlöcher etwas Klebstoff geben und
zwei zugeschnittene Kordelbeine eindrücken.
Am Hinterteil Federn als Schwanz einfügen.

Die Kugeln für den Hals auffädeln, die unterste
am Halsansatz an den Bauch ankleben. Die mit-
telgroße Wattekugel als Kopf auffädeln.
Für die Kopffedern ein kleines Loch bohren, Faden ankleben und Federn einfügen.
Wackelaugen ankleben. Einen Schnabel aus Tonpapier ausschneiden (Vorlage → S. 93 »Bürstenvögel«) herstellen und anfügen.
An den Kordelbeinen Holzkugeln anbringen und
am Rumpf links und rechts Flügel ankleben.
Am Schwanz und Kopf Spielfäden anknüpfen
und diese am Holzstab anbinden.
Nach dem Spiel eine Schnur oder Kordel am
Fensterrahmen oder über eine Raumecke spannen und die tanzenden Vögel mit Wäscheklammern in unterschiedlichen Höhen aufhängen.

Spielidee

Die Kinder lassen ihren Vogel Strauß zur laufenden Musik auf dem Arbeitstisch klackernd tanzen. Sie suchen sich einen Tanzpartner und führen einen Paartanz auf. Die Kinder treffen sich zum Stehkreis und erproben einen Vogel Strauß-Kreistanz. Danach erkunden sie den Raum und treffen sich wieder im Kreis.

Spielvarianten

➤ Kinder singen ein (Vogel)-Lied und lassen die Vögel dazu tanzen.

➤ »Ball der Tiere« (ein schöner alter Kindervers von den Tieren, die ein großes Fest geben wollen) tänzerisch in Szene setzen.

➤ »Ballett der Küchlein in ihren Eierschalen« aus M. Mussorgskys »Bilder einer Ausstellung« hören und tanzend umsetzen.

Büchsen-Schnarri

Alter: ab 6 Jahren
Material: Blechbüchsen; doppelseitiges Klebeband; Stoff; Papier; Kordel; Schraubverschlüsse; Klingeldraht; Schubladenknopf; Lüsterklemmen; kleine Glühbirnen; Radreflektoren; Flügelschrauben; Putzflachs; Handwerker-Abfälle; Stahldraht-Topfreiniger; Schnur; Holzstab; Hammer und Nagel; Leiste; Stab; Garn; Knete; Klebstoff; Schere

Einführung

Diese Aufgabe begeistert besonders Jungen. Die Kinder können den Umgang mit dem Metall experimentell erkunden und handwerkliches Geschick beweisen. Fantasie und bewusst Dinge verfremden stehen im Mittelpunkt. Alle

Kinder helfen bei der Organisation der benötigten Materialien und helfen sich gegenseitig.

Bauanleitung

Die Blechbüchse mit der Öffnung nach unten aufstellen. Den offenen Rand mit Klebeband abkleben.

Die Blechbüchse mit ungewöhnlichen Mitteln zum Kopf gestalten. Die Augen aus Radreflektoren, die Ohren aus Flügelschrauben, eine Nase aus einem Schubladenknopf, den Mund aus Klingeldraht gestalten. Einen Bart aus Putzflachs anbringen. Die Frisur aus einem silbernen Topfreiniger, Dübeln und Autoglühbirnen gestalten.

Klingeldraht oder Blumendraht für die Arme um einen Stift wickeln und Hände aus Lüsterklemmen anfügen.

Seitlich zwei Armlöcher hineinbohren oder gestaltete Arme ankleben.

Tipps

> Für Tiere (→ Foto S. 36 unten) die Büchse waagrecht legen, für Handpuppen unten hineingreifen.
> Bei Bedarf am unteren Rand Fußlöcher anbringen, Fußkordeln durchziehen und Füße anbringen.
> Für das Spiel mit »Schnarri« jeweils Garn an den Händen anknüpfen und diesen am Stab befestigen.
> Nach dem Spiel die Spielstäbe entfernen und eine Tischausstellung im Flur oder Eingangsbereich zusammenstellen.

Spielidee

Die »Schnarris« und Büchsentiere treffen sich auf einer Müllhalde und unterhalten sich über die menschliche Wegwerfgesellschaft: *»Wenn die Kinder wüssten, dass es uns gibt, würden sie sorgfältiger mit den Wertstoffen unserer Erde umgehen. Kommt, klären wir die Kinder auf!«*

Spielvarianten

> Roboter »Schnarri« in gefährlichem Einsatz
> Marsbewohner landen auf der Erde.
> Was passiert auf der Müllhalde?

Kork-Pinocchio

Alter: ab 7 Jahren

Material: naturbelassene oder bemalte Weinkorken; kleine Perlen; Chenilledraht; Wackelaugen; Wattekugel, Ø 5–6 cm; Tonpapier; Märchenwolle; Filzstifte; Garn; Sticknadel; dünner Dübel; Stab; Brotschneidemaschine; Kinderhandbohrer; Schalen

Einführung

Die Spielleitung erzählt: *»Pinocchio ist eine Kinderbuchfigur des Italieners Carlo Collodi. 1881 werden erste Geschichten des Holzmännchens mit der langen Nase, die beim Lügen wächst, erzählt. Die geschnitzte Figur des Tischlermeisters wird lebendig, reißt aus und erlebt unzählige Abenteuer. Am Ende verwandelt Pinocchio sich in einen echten, lebendigen Jungen.«* Während die Kinder ihre Figur bauen, ist diese, wie in der Geschichte, noch leblos. Ist sie fertiggestellt, wird sie lebendig, räkelt und bewegt sich und erlebt erste Abenteuer.

Bauanleitung

Mit der Brotschneidemaschine die Korken auf Wunschlänge schneiden, in Schalen sammeln.
Durch die Wattekugel als Kopf mit der Nadel den doppelt gelegten, langen Faden ziehen und oben mit einer Perle auf dem Kopf absichern.
Die Kopfkugel zum Gesicht gestalten, Haare und Hut aufkleben. Einen kleinen runden Halskragen aus einem Stück Chenilledraht zuschneiden und auffädeln.
Faden teilen und beidseitig die Arme anfertigen. Je eine Kugel auf einen Korken fädeln, am Ende den Faden in die doppelt zugeschnittene Hand aus Tonpapier (Vorlage → S. 94) kleben.
Für den Bauch einen weiteren Doppelfaden anbinden. Korken und Perlen immer im Wechsel auffädeln.
Für die Beine den Faden teilen und die Beine sowie halbe Korken als Schuhe auffädeln.
An Hände und Mütze den Spielfaden anbringen und am Spielstab anbinden
Für das Spielkreuz zwei Stäbe zum Kreuz legen, mittig festbinden. Beim Spiel mit der zweiten Hand an den Fäden zupfen, um größere Bewegungen in Szene zu setzen.

Spielidee

Ein Kind oder die Spielleitung liest eine Pinocchio-Geschichte vor oder erzählt sie. Die Kinder bewegen ihre Puppe dazu und übernehmen die wörtlichen Reden.

Spielvarianten

➤ Pinocchio erfindet neue abenteuerliche Geschichten.
➤ Das Korkmännchen übt mit seinem Hund Struppi auf dem Hunde-Dressurplatz.
➤ Das Korkmännchen und Struppi unternehmen einen Spaziergang, Struppi reißt aus.

Tanz-Mariechen

Alter: ab 4 Jahren
Material: Wattekugel, Ø 5–6 cm; Farbstifte; Holzperlen mit Bohrung; Feenhaar; Stoffblüten und farblich passende Serviette; Klebstoff; Schere; Stab; Garn; CD-Player; CD mit Kinderliedern; evtl. verschiedene Orff-Instrumente

Einführung

Die Spielleitung spielt Musik ein und fordert die Kinder auf, mitzutanzen. Die Kinder bewegen sich spontan, beobachten sich gegenseitig und erobern tanzend den Raum. Endet die Musik, treffen sich alle zum Besprechungskreis. Gemeinsam erforschen sie, worin sich ein gehender von einem tanzenden Menschen unterscheidet. Die tänzerische Armhaltung spielt dabei eine zentrale Rolle.

Bauanleitung

Die Wattekugel als Kopf durch den Spielfaden führen.

Das Gesicht aufmalen, die Haare anfügen und den Blütenkranz aus den Stoffblüten als Haarschmuck aufkleben.

Für das Tanzkleid die Serviette diagonal zum Dreieck falten. Seitlich die Zipfelecken mit einem langen Faden abbinden und Holzperlen als Hände aufkleben.

In das untere Wattekugelloch etwas Klebstoff geben, die Serviettenmitte mit einer Stiftspitze hineindrücken.

Den Kopfspielfaden in der Stabmitte, die Handspielfäden seitlich anbinden.

Zur Musik an den Handfäden zupfen, die Arme schwingen musikalisch mit.

Tipp

Statt eines Stoffblüten-Kranzes kann auch ein Kranz aus selbst gepflückten Gänseblümchen verwendet werden.

Spielidee

Die Kinder stehen mit ihren Tanz-Mariechen im Kreis. Zu einem Kinderlied lassen die Kinder ihre Puppen am Platz tanzen. Der Spielkreis tanzt nach innen, nach außen, der Kreis löst sich auf und die Kinder tanzen und schweben mit ihren Marionetten durch den Raum.

Spielvarianten

> Einige Kinder musizieren mit Orff-Instrumenten, die anderen lassen die Puppen dazu tanzen.
> Eine Polonaise tanzen, die Spielleitung führt die Tanzschlange an.
> »Die vier Jahreszeiten« von A. Vivaldi tänzerisch mit den Puppen umsetzen.

Hexentreppen-Marionetten

Alter: ab 4 Jahren
Material: farbige Flechtstreifen aus Tonzeichenpapier, 50 cm lang (fertig zu kaufen); Tonpapier; Schere; Klebstoff; Schaschlikstab; Farbstifte; Faden; Pailletten; Chenilledraht; evtl. doppelseitiges Klebeband

Einführung

Hexentreppen zu falten erfordert Konzentration, Fingerfertigkeit und kräftigt die Handmuskulatur. Die Spielleitung führt die Kinder mithilfe von langen breiten Papierstreifen in die Hexentreppenkunst ein. Sie entdecken, wie aus flächigen Papierstreifen plastische, bewegliche Marionetten entstehen. Die Spielleitung reicht jedem Kind zwei Streifen und als Hexenschüler zeigen sie, was sie gelernt haben. Die Kinder überlegen, an welchen Körper sie diese beweglichen Gliedmaßen anfügen möchten.

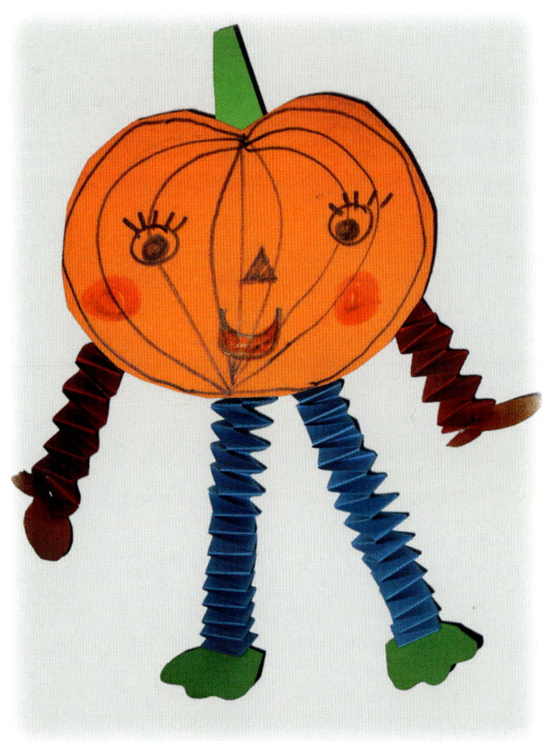

Bauanleitung

Für die Arme und Beine zwei gleich lange und breite farbige Papierstreifen verwenden. Diese können sich an einem Ende für eine Schwanzbildung verjüngen.

Einen Streifen senkrecht legen, den anderen bündig waagrecht. Beide Streifen aufeinanderkleben. Den unteren nach oben, den waagrechten auf die andere Seite, immer im Wechsel, falten. Das Ende ebenfalls festkleben.

Für einen **Kürbisgeist** eine Kürbisform zuschneiden, Kürbisstreifen und Gesicht aufmalen. Oben einen Kürbisstiel anbringen, Arme mit Händen sowie Beine mit Schuhen aus Tonpapier versehen, diese auf der Kürbisrückseite festkleben. Arme und Kopf mit Faden versehen und am Stab festbinden.

Für eine **Katze** aus Tonpapier Kopf und Bauch zuschneiden und zum Körper kleben. Ohren,

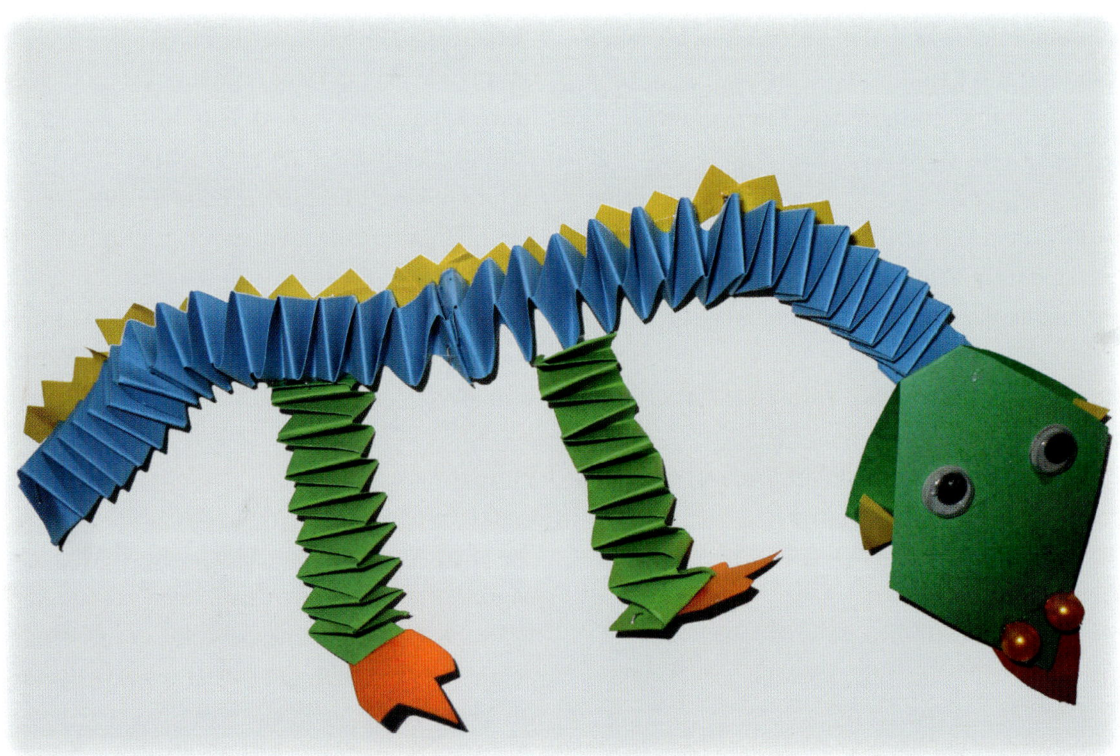

Pfoten, Barthaare, Augen und Chenilledraht-Schwanz anbringen. Den Spielfaden am Kopf und Schwanz festkleben.

Für ein **Urwelttier** den Körper aus zwei Hexentreppen gestalten. Füße anfügen. Das Gesicht zum Doppeldrachen fertigen (Vorlagen ➜ S. 95), Zähne einfügen.

Mit Fäden oder Klebeband die Figuren jeweils an einen Stab binden, um sie führen und bewegen zu können.

Nach dem Spiel alle Hexentreppenfiguren ohne Spielstäbe an einer Wand dekorieren. Dabei die Gliedmaßen lebendig anordnen und mit doppelseitigem Klebeband fixieren.

Spielidee

Die Kürbisgeister versammeln sich zu Halloween im engen Sitzkreis. Jeder Geist stellt sich mit Namen und seinen besonderen Gruselfertigkeiten vor. Dicht vor den Kindergesichtern versucht er, diesen das Fürchten zu lehren. Mit Applaus bedacht sucht sich der Geist einen Nachfolger aus, setzt sich auf dessen Platz und die nächste Geisterrunde beginnt.

Spielvarianten

➤ Katzenzug zu den Fischerbooten am Meer.
➤ Zirkusclowns treffen sich zur Clown-Parade.
➤ Zu einer Figuren-Erfindermesse in die Schule, Klasse oder Gruppe einladen. Die besten Ideen werden mit einem Preis oder einer Urkunde ausgezeichnet.

Theater mit Händen und Füßen

Sockentiere

Alter: ab 4 Jahren
Material: Socken; Kugeln; Wackelaugen; Fell;
Federn; Glitzer-Chenilledraht; Filz; Knöpfe;
Tonpapier; Schere; Klebstoff; evtl. große Äste,
Eimer, Sand

Einführung

Die Spielleitung sagt: *»Ich möchte euch ein
schwieriges Rätsel stellen: Was ist das? Alle Menschen ziehen sie an, sie wärmen unsere kleinen beweglichen Körperteile. Kinder lieben es, sie im
Sommer unbekleidet zu lassen.«* Sobald die Kinder das Rätsel knacken, erklärt sie den Kindern
das Sockentheater an einem fertigen Exemplar.

Bauanleitung

Die Sockenspitze nach innen stülpen – ein Spiel-
maul entsteht.
Das Gesicht mit Wackelaugen, Knubbelnase,
Ohren, Zackenzähnen (Vorlage → S. 93 »Kamm-
Krokodil«) und einer Zunge aus Tonpapier oder
Filz gestalten. Einen Haarschopf aus Glitzer-
Chenilledraht und sonstige Materialien wie Fe-
dern nach Wahl als Schmuck anbringen.
Zum Spielen mit der Hand in die Socke gleiten,
den Daumen in die untere Maulhälfte, die an-
deren Finger in die obere Maulhälfte schieben.
Nach dem Spiel große Äste in einen Sandeimer
stellen und die Tiere daran aufstecken.

Spielidee

Der Hund Schlappi kommt bellend angerannt,
begrüßt die Zuschauer, schlackert mit den gro-

ßen Ohren und fragt die Kinder, ob sie heute
nicht in den Kindergarten müssten, da sie alle
mit frisch gewaschenen Nasen, ohne etwas zu
tun, faul auf den Stühlen sitzen. Die Kinder berichten, dass sie heute zum Kasperletheater eingeladen sind, um mit Schlappi, dessen gute
Spürnase weltbekannt ist, einen Suchauftrag zu
erledigen. Eine Spielhandlung beginnt. Die
kleine Martina, die sich im Wald verlaufen hat,
zu finden, gelingt dann auch nur mithilfe der zuschauenden Kinder.

Spielvarianten

> Ungeheuer und Drache begegnen sich erst
  feindlich und werden später doch noch
  Freunde.
> Tiere berichten von ihren Abenteuern oder
  Aufgaben und ihrem Zusammentreffen mit
  den Menschen.

➤ Pferd und Zebra unterhalten sich über ihre unterschiedliche Herkunft, Lebensart und Alltagsfragen.

Sockenpuppen

Alter: ab 8 Jahren
Material: Socken; Wolle; Karton; Filz; Pelz; Märchenwolle; Kugeln; Knöpfe; große Wackelaugen; Schere; Klebstoff; Nadel; Faden; großes Tuch; 2 Tische; Reißzwecken; Holzstab; Schnur

Einführung

Die Kinder entdecken ein besonderes, lustmachendes Handpuppentheater aus gestalteten Socken. Es ist eine etwas schwierigere Erweiterungsarbeit zu den Sockentieren (➜ S. 42). Fantasie und Originalität stehen im Mittelpunkt. Bereits während der Herstellung spielen die Kinder und helfen sich gegenseitig: *«Kannst du*

mit mir sprechen?«, »Upps, ich habe vergessen die Ohren anzubringen!«

Bauanleitung

Den Fußteil der Socke in der Mitte seitlich aufschneiden – ein Maul entsteht.

Für das Maul-Innenteil ein mittig gelegtes Filzrechteck, welches in die Maulöffnung passt, zuschneiden, vordere Kanten abrunden, Maul-Innenteil dem Strumpfmaul anpassen, einnähen oder einkleben. Das Innenmaul kann auch aus festem Tonpapier hergestellt werden: einkleben, Überstehendes abschneiden.

Die Socke mit der Ferse nach oben legen, das Gesicht mit Wackelaugen, Pompon- oder Knopfnase, Ohren (Vorlagen ➜ S. 95) , evtl. Bart und Zunge gestalten.

Für Wollhaare die Wolle um die Hand wickeln, abnehmen, rechts oder links durchschneiden,

in der Mitte zusammenbinden. Den Haarschopf schütteln, annähen oder aufkleben. Aus Fellresten oder Märchenwolle nach Wahl weitere Haarkreationen erfinden.

Für die Spielbühne ein langes rechteckiges Tuch mit Reißzwecken an einem Holzstab befestigen, über zwei hochkant gestellte Tische legen und mit Schnur an den Ecken anbinden. In unterschiedlichen Spielhöhen senkrechte Schlitze einschneiden, durch welche die Spielfigur mit der Spielhand passt. Die Puppen schauen ins Publikum. Die Puppenspieler sitzen oder knien unsichtbar hinter dem Tuch.

Tipps

> Das Tuch nach Wahl noch mit Sternen, Mond usw. (passend zur jeweiligen Spielgeschichte) bestücken.

> Für eine geheimnisvolle Atmosphäre den Raum abdunkeln und die Spielfläche mit einem Tageslichtprojektor ausleuchten.

> Nach dem Spiel die Figuren auf einen Stab stecken, in Flaschen stellen und das Fensterbrett damit schmücken.

Spielidee

Die Kinder spielen eine Alltagsszene, z. B.: *» Heute muss ich zum Zahnarzt und ich habe Angst davor.«* Die zweite Handpuppe ist der Zahnarzt, ihr gelingt es, dem Patienten die Angst zu nehmen.

Spielvarianten

> Traumberufe darstellen, Wahl begründen

> Sängerwettstreit oder Gesangs-Casting

> Der kleine Drache wird ausgestoßen, weil er kein Feuer spucken kann.

Handschuhe

Alter: ab 4 Jahren
Material: Faust-, Finger-, Box-, Erste-Hilfe-
Handschuhe; Schere; Klebstoff; Wackelaugen;
Knöpfe; Papier; Filz; Kugeln; Schleife; Watte;
Federn; Kräuselband; Stab

Einführung

Schon die ganz Kleinen spielen mit ihren Fingern und Händen – dieses Spielwerkzeug hat
schließlich jeder immer dabei! Im Kindergarten
gehören traditionell lustbringende Fingerspiele
zum Alltag. Die Spielleitung legt in der Kreis-
mitte auf einem Tuch unterschiedliche Handschuhe und Gestaltungsmaterialien bereit. Sie
sagt: *«Wer wählt sich einen Handschuh aus und
zieht ihn an? Wer möchte den Handschuh mit
einem Gesicht verzieren?»* Die Kinder wählen sich
ihre Wunschmaterialien aus.

Bauanleitung

Beim Fausthandschuh-Tier den Daumen als Maulunterteil einsetzen.

Die Handschuh-Oberfläche als Kopf mit Gesicht gestalten.

Aus beliebigen Materialien Augen, Ohren und Nase anfertigen und aufkleben. Zackenstreifen als Zähne, einreihig oder zweireihig (Vorlage → S. 93 »Kamm-Krokodil«) auf der Unterseite einfügen, eine Zunge aus Filz ergänzen.

Für Stabpuppen den Fingerhandschuh mit Watte ausstopfen, einen Haltestab einführen und den Handschuh senkrecht bearbeiten. Fingerlinge zeigen nach oben, als Haarschopf oder Hahnenkamm.

Tipps

> Einen Erste-Hilfe-Handschuh fest aufblasen, unten zubinden, mit Stiften oder Tonpapier Augen und unter dem Daumen den Mund anfügen.

> Nach dem Spiel die Handschuhe in einem dafür eingerichteten »Theaterkarton« aufbewahren.

Spielidee

Verschiedene Handschuhfiguren treffen sich auf dem Marktplatz der Möglichkeiten. Sie stellen sich vor und berichten, wie friedlich sie in ihrem Land miteinander leben.

Spielvarianten

> Smiley-Wut- und Lachgesicht begegnen sich, streiten sich, trösten sich.

> Huhn und Hahn unterhalten sich übers Eierlegen, Eier färben, den Hühnerhof.

> Gestaltete Boxhandschuhe führen eine Boxkampf durch und kommentieren jeden Treffer: *»Daneben!«, »Das war gegen die Spielregeln!«, »Tut das weh!«, Habe mich gut weggeduckt.«* oder *»Ich ergebe mich!«*

> Loben: *»Guten Morgen, hab ich dir heute schon gesagt, wie gut du bist?, »Ich finde es toll, dass du vorhin Frau Müller die Tür aufgehalten hast, als sie mit den Büchern in die Klasse kam.«* oder *»Ich habe gesehen, wie du Oliver getröstet hast, als er in der Pause hinfiel.«* oder *»Toll, dass du Tina etwas von deinem Pausenbrot angeboten hast, weil sie ihres zu Hause vergessen hatte.«*

Gummihandschuhe

Alter: ab 6 Jahren
Material: farbiger Gummihandschuh; Wackelaugen; kleine Perlen; wasserfeste Filzstifte; Pompon; Stoffblüten; Knopf; Feder; Filzrest; Flaschenverschluss; Watte; Glöckchen; Klebstoff; Schere; Chenilledraht; Glanzpapier

Einführung

Die Spielleitung streift sich einen Gummihand-schuh über und lässt ihn sprechen: *»Zum Putzen habe ich heute einfach keine Lust. Ich träumte heute Nacht, dass ich in ein zauberhaftes Fünf-Fin-ger-Theater verwandelt wurde. Und so sah ich im Traum aus:«* Die Spielleitung streift den zweiten, fertig gestalteten Handschuh über. *»Wie wohl euer Wunschtraum aussieht?«* Die Kinder bilden um den Materialtisch einen Kreis, wählen sich Handschuhe und Gestaltungsmaterialien aus.

Bauanleitung

Gummihandschuh flach auf den Tisch legen. Jede Fingerkuppe kreativ zu einer anderen Per-sönlichkeit gestalten.
Wackelaugen aufkleben und einen Filzstiftmund einzeichnen.

Für die Kopfbedeckungen den Gummihand-schuh überstreifen und eine Krone aus Goldfo-lie, einen Knopf-Federhut, Fingerhut oder eine Zwergenmütze oben auf die Fingerkuppen auf-setzen.
Am Fingeransatz Glöckchen als Schmuck anbin-den oder einen Zwergenbart aufkleben.

Spielidee

Die gestalteten Finger am Gummihandschuh stellen sich einzeln mit Namen vor und berich-ten, warum sie im berühmten Chor »Zauber-hafte Stimmen« mitsingen möchten. Jede Figur hat nun einen ernsten, lustigen oder schrägen Gesangs-Soloeinsatz. Dabei steht nur der Solo-sänger »auf der Bühne«, die anderen nicht be-teiligten Finger werden nach unten abgeknickt und tauchen beim Duett und Gruppengesang später einfach wieder auf.

Spielvarianten

> Streitschlichter-Spiele mit Diskussionsrunde
> Helferspiele »Gemeinsam sind wir stark!«
> Hitparade, Sängerwettstreit

Hinweis

Interaktions-Theater mit einer Hand oder mit zwei Händen und verstellten Stimmen ist ein Vergnügen und eine Herausforderung für Kinder und Zuschauer. Ein Thema wird von den Kindern unterschiedlich dargestellt. Dies erfordert ein hohes Maß an Konzentration, Vorstellungsvermögen und Rollenverständnis.

Sprechende Hände

Alter: ab 4 Jahren
Material: eigene Hand, eigener Finger oder Arm; Wattekugeln, Ø 1,5–2 cm; Filzstift; Hutgummi; Schaumgummiball/Clownsnase in Rot, Ø 5–6 cm; heller Fingerhandschuh; Tonpapier; dicke Stopfnadel; Schere; Klebstoff; Wasserfarben; Pinsel; Gardinenring; Glanzpapier; Kleister

Einführung

Kinder lieben es, sich mit Wasserfarben zu bemalen und die Finger ungewöhnlich zu gestalten. Sprechende Hände eröffnen den Morgenkreis, unterstützen Begrüßungs- oder Verabschiedungsrituale und binden auch Kinder mit Sprachproblemen ein.

Bauanleitung

Für den **Hand-Clown** die beiden Wattekugeln mit Pupille und Wimpern bemalen, das Gummiband mit einer Stopfnadel durch die Löcher in

den Wattekugeln ziehen und zusammenknoten. Den Mittelfinger in die Clownsnase stecken. Für den **Urvogel** aus Papier vier Schwanzfedern (Vorlage ➜ S. 94 »Bratwender-Huhn«) zuschneiden und gestaffelt auf dem Handschuhrücken anbringen. Die beiden Wattekugeln zu Augen gestalten, Hutgummi durchziehen und über Zeige- und kleinen Finger ziehen. Kamm (Vorlage ➜ S. 93 »Bürstenvogel«) und Zunge aus Papier zuschneiden und anfügen.

Für die **Armschlange** mit Wasserfarben den Handrücken und den Arm bis zur Beuge farbenfroh zur Schlange bemalen. Gardinenring-Auge und gespaltene Tonpapierzunge zuschneiden und einkleben.

Tipp

Als dauerhafte Spielpartner statt der nackten Haut einen Handschuh einsetzen. Einen langen Kniestrumpf überziehen, die Fußspitze nach innen schlagen und zur Armschlange umdeuten.

Spielidee

Die Kinder geben ihren Gefühlen Raum: »*Mir geht es heute Morgen, nach dem Streit mit Diana, nicht gut. Ich bin traurig und habe geweint.*« Die Hände der anderen Kinder lassen sich auf dieses Gefühlsgespräch ein und trösten und streicheln die traurige Hand.

Spielvarianten

➤ Was unsere Hände können: Sie zappeln auf und nieder, drohen, winken, kitzeln den Partner, Streithände dürfen sich behutsam schlagen, sich streicheln und vertragen.
➤ Ein Kind oder die Spielleitung lobt über die Handspielpuppe ein Kind für soziales und partnerschaftliches Verhalten.

Kugelkopf-Theater

Alter: ab 5 Jahren
Material: beflockte Wattekugel, Ø 5–6 cm; Wattekugel; Perlen; Stift; Engelshaar; Märchenwolle in Gelb; Chenilledraht in Rot; Wackelaugen; weißer Fingerhandschuh; Serviette oder Tuch; Alu-Glanzpapier in Gold; Schleifenband; Schere; Klebstoff; evtl. Stäbe, Eimer, Sand

Einführung

Diese einfachen Fingerpuppen geben Raum, sich mit Personen zu identifizieren: »*Ich bin eine Prinzessin, Superman, der Chef und Bestimmer*«. Kinder schlüpfen in persönliche Rollen, ohne ausgelacht zu werden, formulieren Ängste, lassen Wünsche und Träume zu. Kugelkopfpuppen sind schnell und einfach herzustellen und besitzen einen hohen Spielaufforderungs-Charakter.

Bauanleitung

Die Kugelöffnung überprüfen, der Fingergröße anpassen, mit der Schere ggf. die Öffnung vergrößern.

Dem **Prinzen** (Foto ➜ S. 49) Wackelaugen und einen Chenilledraht-Mund aufkleben. Eine Perlen-Nase ergänzen. Haare aus glattem Engelshaar anbringen.

Der **Prinzessin** ebenfalls Wackelaugen aufkleben, Mund und Nase mit Filzstift aufmalen. Die Haare aus einem Strang Märchenwolle beidseitig zu Zöpfen flechten, mit Goldband abbinden.

Die Perücke über den Kopf legen und aufkleben. Eine Krone aus Goldpapier zuschneiden und aufsetzen.

Die fertige Puppe auf den Finger oder einen dünnen Fingerhandschuh setzen oder in eine Serviette nach Wahl mittig einen Schlitz schneiden, diese über den Finger streifen und den Puppenkopf aufsetzen.

Tipps

> Einen Stab in die Figur schieben und diese als Stabpuppe agieren lassen.
> Nach dem Spiel die Fingerpuppen zur Präsentation auf Stäbe stecken und in Eimer mit Sand stellen.

Spielidee

Ein Kind ist der Zirkusdirektor, alle anderen Kinder sind Zirkuskünstler, die einzeln oder in Gruppen ihr großes Können präsentieren. Der Zirkusdirektor leitet durch das Programm, kündigt jeden Künstler an. Am Ende verbeugen sie sich alle und ernten den verdienten Applaus.

Spielvarianten

> *»Ich bin der Herrscher dieser Gruppe, der Klasse, meiner Stadt, des Planeten Quatschewitsch!«*
> *»Ich bin der Erbauer einer Wunschmaschine«.*
> *»Ich bin der Zauberer Zwackelmann und verzaubere euch in …«* (Interaktive Zuschauer greifen ins Spielgeschehen ein, rufen Ideen, Lösungsvorschläge zu.)

Fuß-, Bauch- und Arm-Theater

Alter: ab 5 Jahren
Material: Finger- oder Schminkfarben;
Schaumstoffkugeln; Hutgummi; Chenilledraht;
Luftschlangen; gekauftes Faschingshütchen
oder selbstgebastelte kleine Zuckertüte;
Schere; Klebstoff

Einführung

»Wollt ihr mit den Füßen Theater spielen?« fragt
die Spielleitung die Kinder. Zuerst schauen sie
verdutzt, das erste Kind zieht sein Schuhe aus
und alle machen es nach. Alle Kinder sitzen nun
in Strümpfen im Kreis auf dem Boden. Sofort
bewegen sie ihre Füße und Zehen und kommen
miteinander ins Fußgespräch. *»Zieht eure
Strümpfe aus, setzt euch paarweise gegenüber und
malt eurem Partner mit den Schminkfarben ein
Gesicht auf seine Fußsohlen.«* bittet die Spielleitung sie.

Bauanleitung

Die Kinder malen sich mit Finger- oder Kinder-
schminkfarben gegenseitig ein Gesicht auf die
nackten Fußsohlen.
Über die Zehen nach Wahl eine Mütze, einen
Hut oder Luftschlangen als Haare drapieren.
Für eine Fußtheater-Bühne zwei Tische zusammenschieben, sodass eine große Spiel-Sitzflä-
che entsteht. Die Spielkinder legen ein Tuch
über die Beine, nur die Füße schauen heraus.
Für ein Bauch-Theater das Shirt nach oben
krempeln und auf den Bauch- bzw. Oberkörper

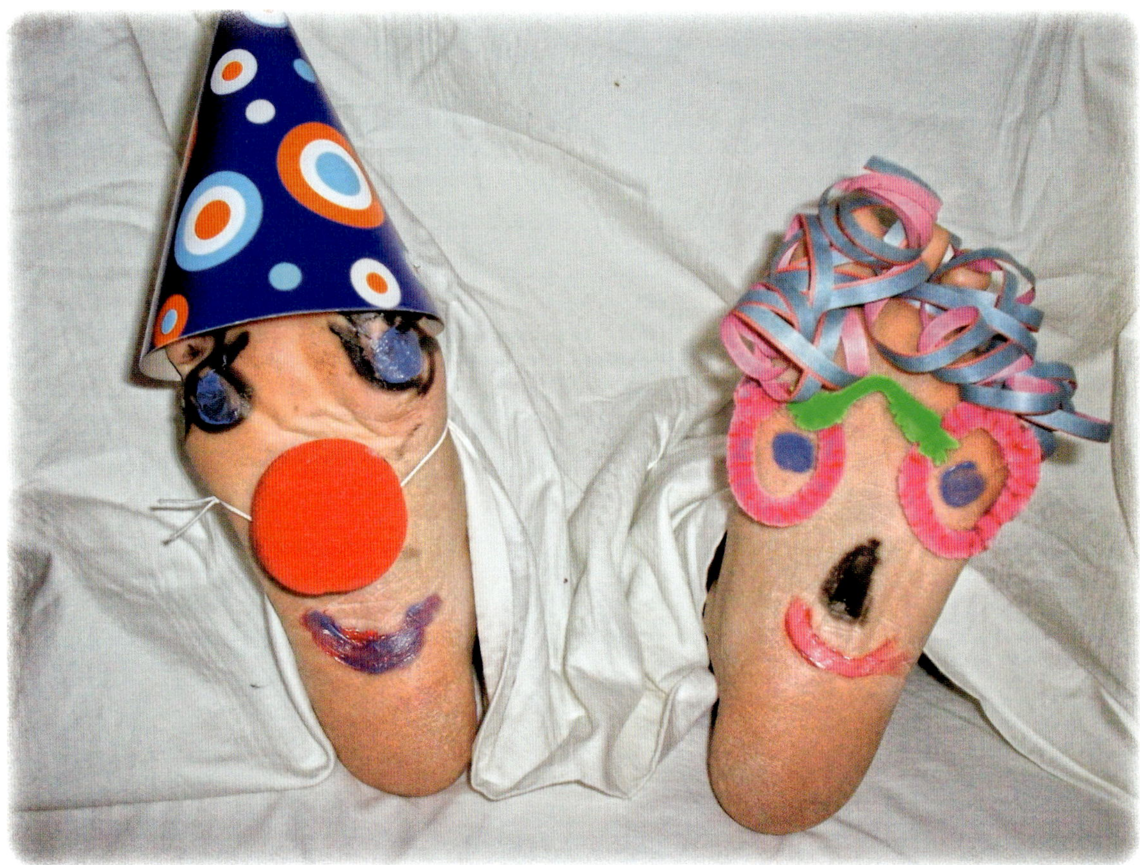

mit Schminkfarben ein großes Gesicht malen, als Nase mithilfe eines Gummibandes eine Schaumstoffkugel befestigen.

Für ein Armtheater einen langen Skistrumpf über den Arm ziehen, die Strumpfferse nach oben, die Strumpfspitze einschlagen. Den Strumpf über die gesamte Armlänge nach Wahl als Ur-Schlange bekleben und ein Gesicht gestalten.

Spielideen

➤ Beim Fußtheater zappeln und strampeln die Füße, laufen weg, hüpfen und noch mehr! Mitagierende Hände steigern die Spannung. Gestaltete Füße und Hände unterhalten, begegnen, berühren sich, z. B.: Ein Fuß hat sich verlaufen und die Hand hört ihn weinen. Sie sucht den Weinenden, läuft vorbei, findet ihn, tröstet ihn und beide laufen glücklich miteinander fort.

➤ Für das Bauch-Theater den Bauch einziehen, herausdrücken, Hüftschwung, beugen, strecken, Arme und Hände einsetzen. Die Zuschauer rufen eine Aufgabe zu. Der Akteur bietet durch Laute, Kommentare und pantomimische Einfälle ein vergnügliches Schauspiel.

Spielvarianten

➤ Begegnung mit der Armschlange
➤ Dschungelbuch
➤ Meckerfritzen begegnen sich

Figuren aus Verpackungsmaterialien

Rollenpuppen

Alter: ab 6 Jahren
Material: Rollen aller Art; Wattekugeln, Ø 5–6 cm; Tonpapier; Filz; Pompons; Holzperlen mit Loch; Perlen; Filzstifte; farbige Bastelwatte; Engelshaar; Luftschlangen; Kräuselband; Chenilledraht; Wackelaugen; Klebstoff; Schere; Schaschlikstab

Einführung

Rollen sind ideal fürs Handpuppentheater. Sie sind handlich, leicht zu gestalten und immer vorhanden. Die Kinder können daraus die traditionellen Spielfiguren Kasper, Hexe, Zauberer, König, Zwerg, Räuber oder Krokodil basteln.

Wirkungsvoll ist es, eine Puppenhand mit Stab zu führen.

Bauanleitung

Für das **Mädchen** eine Papierrolle mit Tonpapier bekleben, seitlich zwei Armlöcher hineinstechen. Zwei Chenilledraht-Arme zuschneiden, mit einer kleinen Perle als Hand ausstaffieren, in die Armlöcher einführen und einkleben. Den Kopf mit Wackelaugen und gemaltem Mund gestalten. Engelshaare aufkleben, einen Haarreif aus Luftschlangen aufkleben und einen Glitzerstab anfügen.

Der Körper vom **Clown** besteht aus einer Luftschlangenrolle. Seitlich mit der Scherenspitze zwei Armlöcher stechen. Chenilledraht-Arme

mit Tonpapierhänden einkleben. Den Kopf zum Clownsgesicht malen, einen Haarkranz aus einem Rest Chenilledraht aufkleben. Papierschuhe unter der Rolle ankleben. Aus Kräuselband eine Schleife binden und anfügen.

Für ein Tier wie z. B. das **Zebra** die Rolle waagerecht bearbeiten, unten am Bauch ein Loch für den Spielfinger schneiden. Aus Tonpapier die Beine und den Kopf schneiden, anfügen. Ohren und Schwanz ankleben.

Tipp

Für bewegliche Stab-Arme an eine Puppenhand einen Schaschlikstab in passender Länge kleben. Für das Spiel greift die Hand in die Rolle, der Daumen hält außen fest. Die zweite Hand bewegt den Armstab.

Spielidee

Der mächtige Zauberer Bimbamborium lädt alle Rollenpuppen ein, bei ihm die Zauberschule zu besuchen, um sich zum Zauberlehrling ausbilden zu lassen. Nicht jeder Zauberversuch gelingt sofort, statt Bonbons regnet es z. B. Seifenblasen und statt Schnee fällt Konfetti vom Himmel.

Spielvarianten

➤ Mitternachtszauber: Alle Tiere können die Menschensprache sprechen
➤ »Wir sind Kinder einer Welt und begegnen uns achtungsvoll.«
➤ Jung und Alt begegnen sich und lernen sich vorurteilsfrei näher kennen.

Geburtstags-Rumpumpel

Alter: ab 6 Jahren
Material: Holzkugel mit Loch, Ø 3 cm oder alter Tischtennisball; Märchenwolle oder Fellstück; Filzstifte; Filzreste; Papier; Stoff nach Wahl; Borte; Perlen; Laternenstab, 30 cm lang; Bleistift; Schere; Klebstoff

Einführung und Spielidee

Das Geburtstagskind sitzt am Tisch, eine Kerze brennt. Es darf den Rumpumpel rufen. Die Spielleitung lässt ihn langsam aus der Tüte kommen, dabei schlüpft er immer wieder zurück. Das Geburtstagskind ruft ihn mehrmals, auch mit Gruppenverstärkung. Endlich ist er in voller Größe zu sehen. Er gratuliert dem Geburtstagskind, dieses erfasst seine Hand und ein Geburtstagslied wird gesungen. Der Geburtstags-Rumpumpel bittet nun die Kinder, eine Gratulationskette zu bilden. Wer möchte, überbringt seine persönlichen Wünsche und gratuliert. Rumpumpel schlüpft langsam wieder in seine Tüte hinein, kommt nochmals heraus, winkt, bis er verschwunden ist. Man hört ihn ganz leise schnarchen. Beim nächsten Kindergeburtstag wird er wieder geweckt. Jedes Kind überlegt nun, wie seine selbst gebastelte Rumpumpel-Figur aussehen soll.

Bauanleitung

Das Schnittmuster für die Tüte (Vorlage ➔ S. 94 »Zapfen-Vogel«) auf den Karton legen, umfahren, zuschneiden.

Für den Stoffbezug den ausgewählten Stoff mit 1 cm Stoffzugabe aufkleben, Überstehendes einschneiden. Die Schnittstellen umklappen und ankleben.

Diesen Viertelkreis nun zur Tüte zusammen kleben und den Stab probeweise durch die untere Tütenöffnung schieben. Das Kleid aus Stoff doppelt zuschneiden (Schnittmuster ➔ S. 96), die Seitenteile zusammennähen oder -kleben, dabei die Hände einfügen und im Röhren-In-

nenrand ankleben. Dem Holzkugel-Kopf mit Filzstiften ein Gesicht malen, Fell- oder Märchenwolle-Haar aufkleben.

Nach Wahl aus einem Halb- oder Viertelkreis eine Spitztüten-Mütze zuschneiden und aufkleben. Einen Stab durch Tüte und Kleid schieben und den Halsausschnitt des Kleides um den Stab kleben. Den Kugelkopf auf den Stab stecken und einkleben. Am unteren Ende des Laternenstabes kann noch eine kleine Kugel aufgesteckt werden. Wird der Stab nun nach unten gezogen, schlüpft der Rumpumpel in seine »Schlaftüte« hinein.

Tipps

➤ Statt in der Röhre kann die Spielfigur auch in einer Blechbüchse verschwinden. Dazu mit dem Nagel ein Loch in den Büchsenboden stechen und den Stab durchschieben.

➤ Einer Prinzessin eine Krone, für einen Indianer ein Stirnband mit Feder ankleben, einen Arzt mit Brille und Plastikspritze ausstatten und Kinderpflaster in die Hand kleben.

Spielvarianten

Die Spielfigur als Trostspender einsetzen. Beispiele für Trostverse:

»Heile, heile Segen,
drei Tage Regen,
drei Tage Schnee
tut schon nimmer weh!

Heile, heile Gänschen,
s'wird schon wieder gut,
s'Kätzchen hat ein Schwänzchen,
s'wird schon wieder gut.
Heile, heile Mäusespeck,
in hundert Jahr' ist alles weg!«

Elfen, Feen & Schutzengel

Alter: ab 6 Jahren
Material: transparente Geschenkfolie;
Glitzerfolie; Chenilledraht und Glitzer-
Chenilledraht; 2 kleine Holzkugeln mit
Bohrung; Klebstoff; Schere; Klebefilm;
Wattekugel, Ø 5–6 cm; Wackelaugen; roter
Filzstift; Engelshaar; Klebesterne; Alu-
Glanzkarton in Gold; Stab; Weihnachtsfolie;
Deko-Lametta; Flasche

Einführung

Nicht nur Mädchen lassen sich von Elfen, Feen
oder Schutzengeln beeindrucken. Sie selbst zu
bauen und damit zu spielen, animiert Kinder
ohne große Vorgaben. Das raschelnde und glitzernde Material regt die Fantasie an. Die Spiel-

leitung lässt die Elfe am Spielstab von einem
Kind zum anderen tanzen. Sie übergibt das zarte
Wesen einem Kind und dieses reicht es an das
nächste Kind weiter. Diese handlungsorientierte
Begegnung fördert die Lust zur Nachgestaltung.

Bauanleitung

Für die Elfe den Wattekugelkopf mit Wackelaugen bekleben, Mund und Nase mit Filzstiften
aufmalen. Engelshaar anbringen und den Kopf
auf den Stab stecken.
Aus transparenter Geschenkfolie ein 30 cm großes Quadrat oder einen Kreis mit diesem Durch-
messer zuschneiden.
Mittig mit der Schere ein Loch hineinstechen,
den Stab mit dem Elfenkopf durchstecken.
Die Folie bis zum Kopf hochziehen, mit Klebefilm eng umwickeln und am Stab festkleben.
Aus Chenilledraht einen langen Arm zuschneiden, an die beiden Enden Holzkugeln als Hände
auffädeln. Unterhalb des Kopfes von hinten den
Arm an den Stab kleben.
Goldene Flügel und eine Krone aus Goldkarton
zuschneiden (Vorlagen ➜ S. 95) und anfügen.
Einen Streifen Goldpapier zum Stab rollen, Streifen mit Sternen anfügen und den Stab in die
Hand kleben.
Eine Halskrause aus Glitzer-Chenilledraht unter
dem Kopf anfügen, das Kleid in Falten legen, Falten punktuell gegeneinanderkleben.

Tipps

➤ Deko-Glitzerlametta am Hals anfügen und
  über das Kleid fallen lassen.
➤ Nach dem Spiel aus den Figuren einen Elfen-
  zweig, einen Elfenbaum im Sandeimer, Feen-
  Fenster oder Engel-Mobiles gestalten.

Spielidee

Die Kinder sitzen im Halbkreis. Wer möchte, geht mit seinem Schutzengel in den Kreis und erzählt etwas aus dessen spannendem Schutzengel-Leben: *»Einmal konnte ich mein Erdenkind gerade noch festhalten, als es bei Rot die Straße überqueren wollte. Ich musste stark sein, denn das Auto kam immer näher und mein Erdenkind hat nicht auf den Verkehr geachtet.«*

Spielvarianten

➤ Elfen, Gnome und Wichtel bestehen märchenhafte Abenteuer.
➤ *»Eine gute Fee erfüllt mir meine Träume.«*

Figuren aus Alufolie

Alter: ab 4 Jahren
Material: Alufolie; Schere; Wackelaugen; Tonpapier; Filzstifte; Schaschlikstäbe; Zahnstocher; Klebstoff; Klebefilm; Spielstäbe

Einführung

Die Spielleitung bespricht mit den Kindern, dass Alufolie nicht umweltfreundlich und das mitgebrachte Frühstück in einer Dose besser aufgehoben ist. Dennoch fällt dieses glitzernde Verpackungsmaterial immer wieder an. Viele Lebensmittel sind in Alutüten verpackt. Das Material lässt sich leicht zusammenknüllen und ist zum Modellieren ideal. Spontan formen die Kinder aus der mitgebrachten Restfolie den silbernen Ball vom Froschkönig. Die Spielleitung gibt den Kindern nun Zeit, das Material experimentell zu erkunden. Mit dem Stab verbunden entstehen lichtbrechende Spielfiguren.

Bauanleitung

Die Alufolie in Streifen oder große Stücke schneiden, reißen. Vorsicht, Verletzungsgefahr, für Kindergartenkinder fertige Streifen bereitlegen!
Für Schlangen, Schnecken oder Enten das Material zusammenschieben, knüllen und einen Spielstab hineinstecken.
Elefant, Giraffe (Foto ➜ S. 58) oder Drache benötigen große Alufolienstücke. Den Kopf modellieren, zum Hals und Bauch weitergestalten. Nach Wunsch Wackelaugen oder Körperteile aus Tonpapier ergänzen.
Für Beine einen Zahnstocher oder Schaschlikstab in gewünschter Länge abbrechen und mit Alufolie umwickeln. Mit langen Alufolienstreifen um den Körper eine Bandage anlegen und einbinden.

Einen Spielstab unter dem Bauch einplanen, einstecken und einbinden.

Hörner, Flügel usw. in derselben Technik gestalten und mit Klebefilm ankleben.

Nach dem Spiel die Spielstäbe entfernen und eine Ausstellung im Eingangsbereich, auf Tischen oder in Vitrinen gestalten.

Spielidee

Die Kinder kennen die Geschichte, den Film oder das Bilderbuch »Das Dschungelbuch«. Diese Geschichte wird durch kleine Lebewesen wie Würmer, Schmetterlinge, Igel oder Schlangen erweitert, denn auch sie spielen im Urwald eine wichtige Rolle. Miteinander denken sich die Kinder ihre eigene Dschungelbuch-Geschichte aus und spielen sie nach.

Spielvarianten

➤ Unterwasserwelt mit Kraken und Haifischen
➤ *»Der verwunschene Drache«*
➤ Kampf zwischen Drachen und Drachentöter um die geraubte Prinzessin

Figuren in Falttechnik

Handspielhase

Alter: ab 5 Jahren
Material: braunes Faltpapier, 23 × 23 cm;
Wackelaugen; Tonpapier in Farben nach Wahl;
Schere; Klebstoff

Einführung

Dieser gefaltete Spielhase ist sehr ausdrucks-
stark und die Kinder füttern ihn mit imaginären
Rüben oder Wiesenklee. Klein zusammengefal-
tet wird er zum treuen Begleiter der Kinder. Ihm
vertrauen sie auch ihre kleinen Geheimnisse
und Sorgen an.

Bauanleitung

Das Papierquadrat senkrecht in der Mitte zum
Buch falten. Beide Seiten an die Mittellinie falten, in der Mitte zum Quadrat zusammenlegen.
Oberes Rechteck nach hinten falten, das zweite
stehenlassen, das dritte nach oben, das vierte
nach unten zur Treppe falten (Faltzeichnungen
→ S. 97).
Den obersten Kasten zum Hasengesicht gestalten: Braune Ohren mit weißem Innenohr entwerfen, Wackelaugen, rote Tonpapiernase, zwei
weiße Hasenzähne samt gestalteter Möhre an-
und einkleben.
Zwei schmale Papierstreifen seitlich einschneiden, als Barthaare aufkleben.
In die obere Lasche mit vier Fingern schlüpfen,
in die untere mit dem Daumen.

Spielidee

Der Spielhase hört dem Kind zu. Es berichtet
ihm von seinen Alltagssorgen oder erlebter
Freude. Ihm werden Geheimnisse, Träume,
Wünsche, Ärger oder Ungerechtigkeiten anver-
traut. Er ist ein echter Sorgen- und Tröster-Hase.
Was dem Hase wohl ins Ohr geflüstert wird?

Spielvarianten

> Der kleine Hase Zitterschnäuzchen hoppelt
  ängstlich durch das Feld. Er begegnet auf seiner Futtersuche Käfern, Insekten, einem
  Hund.
> Osterhasenhelfer, Osterhasenkinder bei der
  Arbeit belauschen

Nikolaus, Engel & Raben

Alter: ab 4 Jahren
Material: Weihnachtsfolie, 20 × 20 cm;
Faltpapier; Tonpapier; Klebesterne; Filzstifte;
Stab; Watte; Federn; Schere; Klebstoff;
Schaschlikstäbe

Einführung

Die Kinder haben sicher schon einmal einen
Drachen gefaltet. Doch dass aus dieser Grundform auch bezaubernde Engel, geheimnisvolle
Nikoläuse und freche Raben entstehen können,
ist vielleicht noch nicht bekannt. Falten fördert
die Feinmotorik, Handgeschicklichkeit und Konzentration.

Faltanleitung

Das Tonpapierquadrat diagonal zum Dreieck falten, öffnen und die beiden oberen geraden Seiten zur Mitte falten. Die Drachen-Grundform
ist fertig.
Für den **Engel** die Drachenspitze nach unten an-
falten, die Form umdrehen, das Engelskleid mit
Klebesternen schmücken. Folienstreifen zum
langen Arm zuschneiden, Hände aus Tonpapier

anbringen. Zwei goldene Flügel und einen goldenen Strahlenkreis mit oder ohne Zacken zuschneiden (Vorlage ➜ S. 97). Für den Kopf einen
Kreis schneiden, das Gesicht aufmalen, in den
Strahlenkranz einfügen. Den Engel umdrehen,
den Arm mit beidseitigen Händen, Flügeln sowie den Spielstab anfügen.
Für den **Nikolaus** die Drachen-Grundform falten,
das breitere Unterteil bis zu den beiden Drachen-
Seitenflügeln nach oben klappen und umdrehen.
Einen Tonpapierkopf zuschneiden, das Gesicht
aufmalen und aufkleben. Mit Klebstoff Gesicht,
Mützenspitze und Mantelpelzbesatz vormalen,
gerollte Wattestreifen als Bart auflegen und an-
drücken. Hände aus Tonpapier zuschneiden, am
Handgelenk ankleben, den Pelzbesatz anfügen
und einen Spielstab festkleben.
Für die **Raben** die Drachen-Grundform falten.
Die obere Drachenspitze nach unten über die
angefalteten Seiten falten. Wackelaugen, Ton-
papier-Schnabel und -beine zuschneiden, anfügen, auf der Rückseite Federn und Spielstab befestigen.

Spielidee

Der Engel und der Nikolaus besuchen als Überraschungsgäste die Gruppe. Sie erzählen bei Kerzenlicht eine weihnachtliche Geschichte und singen mit den Kindern. In einem kleinen Sack oder Beutel sind Nüsse, Plätzchen oder eine kleine Überraschung verpackt. Die Spielleitung teilt die Leckereien aus.

Spielvarianten

> Engel beschweren sich über ihre Erdenkinder (oder loben sie tüchtig!).
> *»Was der Nikolaus auf seinem Weg zur Einrichtung erlebt.«*
> Krächzende Raben suchen im Winter nach Futter.

Fingerdrachen

Alter: ab 4 Jahren
Material: festes Tonpapier, 20 × 20 cm; Filzstifte; Schere; eigene Hand; Tischtennisball; Bauklötze

Einführung

»Ein echtes Fußballspiel auf dem Tisch, wie geht denn das?« fragen die Kinder sicher sofort. Die Spielleitung legt den Fingerdrachen auf den Tisch, greift in die Beinlöcher und schießt mit dem kleinen Ball gleich das erste Tor. Die Kinder sind sicher begeistert und es gibt kein Halten mehr!

Faltanleitung

Das Tonpapierquadrat diagonal zum Dreieck falten, öffnen, beide Seitenteile zur Mittellinie falten. Die Grundfigur ist fertig.

Drachenspitze zum Gesicht mit Haaren oder Mütze, das untere Teil einfarbig bemalen.
In das untere, breite Drachenteil zwei Löcher schneiden, Zeige- und Mittelfinger als Spielfüße sollten durchpassen. Mit den Fingern in die Beinlöcher schlüpfen, einen Ball bereitlegen und schießen. Daumen und kleiner Finger dürfen als Hände eingesetzt werden. Aus Bauklötzen ein Tor bauen.

Spielidee

Die Kinder spielen in zwei Gruppen nach zuvor gemeinsam vereinbarten Regeln Tischfußball.

Spielvarianten

> Partnerspiel: Kickboxen
> Reporter berichten von einem spannenden Fußballspiel.

Papier- und Filz-Theater

Fingerring-Theater

Alter: ab 4 Jahren
Material: Tonpapier; Wackelaugen; Knöpfe;
Filz- und Buntstifte; Engelshaar; Fellreste;
kleine Perlen; Klebstoff; Schere; Glöckchen

Einführung

Die Kinder sitzen am Tisch und sammeln Ideen.
Welchen Fingerring kreieren sie, um an einem
Schmuckwettbewerb teilzunehmen? Alle Formen sind zugelassen, alle benötigten Materialien liegen bereit. Die Spielleitung signalisiert
mit einem Glöckchen, wann das Basteln unter-
brochen wird und die Kinder sich besuchen, um
Anregungen zu übernehmen.

Bauanleitung

Für **Hase, Hund** oder **Hexe** die jeweilige Scha-
blone (➜ S. 97) auf das Papier auflegen, umfahren und ausschneiden. Den Ringstreifen mittig
falten, die Figur bunt bemalen und den Streifen
so zum Ring kleben, dass er problemlos über
den Spielfinger gestreift werden kann.
Für die **Länder-Fingerpuppen** aus einem rechteckigen Tonpapier eine Rolle, die bequem um

den Spielfinger passt, kleben. Diese als Kleid mit Papierstreifen oder kleinen Perlen ausstaffieren. Das Gesicht aus einem Kreis, Oval oder einer anderen Form zuschneiden und mit Farbstiften Augen, Nase, Mund und Haare aufmalen. Für den **Chinesen** aus Tonpapier den gelben Hut und den Zopf zuschneiden oder den Zopf aus Wolle flechten und ankleben. In den Hut chinesische Schriftzeichen hineinschreiben und das Kleid mit einer Perle schmücken. Dem **Indianer** Gesicht, Stirnband und Haare aufmalen. Aus Papier eine Feder zuschneiden, seitlich fein einschneiden, die Spitzen bemalen und am Hinterkopf aufkleben. Dem **Afrikaner** aus braunem Tonpapier den Kopf zuschneiden. Augenbrauen, Nase und Mund mit Farbstiften aufmalen und große Wackelaugen aufkleben. Etwas schwarzes Fell als Haare aufkleben. Das Kleid mit bunten Papierstreifen bekleben und kleine Perlen aufkleben.

Spielidee

Die Länder-Fingerringpuppen treffen sich hinter einem hochkant aufgestellten Tisch und berichten, aus welchem Land sie kommen, wie man dort lebt, die Schule besucht und was man mag. Sie begrüßen sich, nennen die Jahreszeiten, Monate und Tage in ihrer Sprache oder zählen mit uns.

Spielvarianten

➤ Tiere unterhalten sich über Menschen, ihre Gefangenschaft im Zoo, Tierquälerei, Partnerschaft.

- ❯ Wir leben in einer Welt: Vorurteile benennen, hinterfragen, miteinander ins Gespräch kommen.
- ❯ Inklusion: Behindertes und nichtbehindertes Kinder begegnen sich. Sie diskutieren: Was ist eine Behinderung?

Pappteller-Handspielfiguren

Alter: ab 6 Jahren
Material: 1 Pappteller bunt oder einfarbig, rund; Tonpapier; Band; Pompon; wasserfeste Filzstifte; Federn; Klebestern in Gold; Textilblume; Schere; Klebstoff

Einführung

Die Kinder kennen Pappteller als Einweggeschirr. Damit zu basteln ist ungewöhnlich. Die Spielleitung faltet einen Teller in der Mitte und lässt ihn sofort sprechen: *«Guten Morgen, bin ich hier im (… Name der Einrichtung einsetzen)? Ich soll dort über das Land der Tellertiere berichten.«* Teller und Kinder eröffnen einen kleinen Dialog.

Bauanleitung

Den Pappteller in der Mitte falten.
Auf der Tellerunterseite aus Tonpapier oder Band eine Fingerlasche mit 9 × 3 cm ankleben.
Aus Tonpapier einen etwas größeren Halbteller zuschneiden, an der geraden Seite einschneiden und die Schnittstellen so übereinanderkleben, dass die Hand hineingeschoben werden kann. Das Gesichtsoberteil am runden Tellerrand aufkleben, Überstehendes abschneiden, gestalten. Die gerade Schnittkante für die Spielhand offen lassen. Hier verstecken sich vier Finger, der Daumen greift in die unten angefügte Lasche, das Maul öffnet und schließt sich.
Die Augen entwerfen und oben aufkleben. Ränder mit Zacken bemalen, zackig geschnittene Papierstreifen als Zahnreihen einfügen, die Zunge schaut aus dem Maul hervor.

Spielidee

Die Tellerfiguren eignen sich für das Theaterspiel im Kreis oder hinter der Spielleiste. Die Figur erzählt die Tagesabschlussgeschichte oder liest etwas vor. Sie erinnert die Kinder an Aufgaben oder was sie zu Hause ausrichten sollen. Als Gesprächspartner lässt sie den Tag Revue passieren und begleitet das Kind auf einen unbeschwerten Heimweg.

Spielvarianten

- ❯ *»Mein Tag war heute fröhlich (traurig, nachdenklich, lustig).« »Wir haben unseren Streit begraben.«*
- ❯ *»Was ich dir noch sagen (erzählen, berichten, beichten) wollte«.*
- ❯ *»Hab ich dir gesagt, was mir an dir besonders gefällt ?«* (Lachen, neue Frisur, Hilfsbereitschaft)

Stab- und Schattenspielfiguren

Alter: ab 4 Jahren
Material: Tonpapier; Buntpapier; Faltpapier;
Farbstifte; Karton; Bleistift; Klebefilm;
Wackelaugen; Schaschlik- oder Laternenstab;
Schere; Klebstoff. Für die Bühne: Betttuch;
Stab oder Schnur; Reißnägel. Für das
Schattenspiel: blickdichtes Tuch;
Tageslichtprojektor oder Schreibtischlampe

Einführung

Die Kinder sind im Malen, Schneiden und Falten geübt. Ausgeschnittene Figuren, am Stab
befestigt, wecken Interesse und die Mitmach-
freudigkeit der Kinder. Dieser Aufgabenbereich
fördert die Auge-Hand-Koordination und Feinmotorik in besonderer Weise. Ungewöhnlich erscheint den Kindern, Faltarbeiten einzusetzen.
Faszinierend sind Stabschattenspiele, nur we-
nige Kinder kennen diese Spielvariante. Für ein
darzustellendes Märchen oder Bilderbuch sind
die Figuren vorgegeben. Jedes Kind wählt eine
Figur aus. Diese werden in der Größe aufeinander abgestimmt und angefertigt.

Bauanleitung

Für **Stabfiguren** zunächst die Größe der Figuren zueinander festlegen.
Menschen, Tiere (Vorlage für eine Maus
→ S. 98), Bäume, Häuser und Fahrzeuge
(o. Abb.) aufzeichnen und bunt ausmalen.
Paare wie Mutter und Kind ohne ausgeschnit-
tenen Zwischenraum herstellen. Blumenwiese
oder Baumgruppe als Ganzes ausschneiden und
gestalten.
Stabfiguren am Bühnenrand als feststehendes
Bühnenbild befestigen. Zweidimensionale Figuren entstehen durch Aufkleben von Materialien

wie Moos und Federn. Auf der Figurenrückseite
den Stab mit Klebefilm befestigen
Die Bühne für die Stabfiguren entsteht aus
einem Tuch, das an einer Schnur oder Spielleiste
in Kinderhöhe aufgespannt wird. Die Puppen-
spieler knien vor einem Tisch und die Tischkante
wird zum Bühnenraum.
Faltfiguren (→ S. 59–61) gestalten, mit einem
Schaschlikstab ausstatten.
Für **Schattenfiguren** zunächst ebenfalls die
Größe der Figuren zueinander festlegen, einen
seitlichen Figurenumriss auf Karton zeichnen
(Vorlagen → S. 98/99) und ausschneiden. Feine
Strukturen wie Fell mithilfe eines eingeschnit-
tenen Papierstreifens symbolisieren. Fertige Figuren zum bequemen Figurenbewegen an einen
Laternenstab kleben.
Für die Schattentheater-Bühne ein weißes Tuch
aufspannen, ein blickdichtes, dunkles Tuch
unten annähen oder mit Sicherheitsnadeln be-

festigen. Das größte spielende Kind sollte verdeckt sein. Den Raum abdunkeln, mit Tageslichtprojektor oder Schreibtischlampe die weiße Tuchfläche anstrahlen.

Spielidee für Schattentheater

Nicht nur Kinder lassen sich vom Schattentheater verzaubern. Das sinfonische Märchen mit wunderschönen Klangbildern von Sergej Prokofjew «Peter und der Wolf» setzt Sprache und Musik um, jeder Figur wird ein Instrument und Motiv zugeordnet. Ein besonderes Erlebnis und ein Hörgenuss, präsentiert von Kindern ab 5 Jahren. Mehrere Proben sind notwendig. Die CD einspielen – die Kinder führen zur Musik und den gesprochenen Text ihre Schattenfiguren. Ein Bilderbuch ist dazu erhältlich.

Tipps

➤ Schattenspielhände: Mit den Händen Tierschatten gestalten
➤ Spielfiguren mit oder ohne Stab nach dem Spiel in einer Schachtel aufbewahren oder zur Märchenwand aufkleben

Spielvarianten

➤ Literatur umsetzen: »Der dicke fette Pfannkuchen«, »Die kleine Raupe Nimmersatt«
➤ Heiteres Beruferaten: »Was wir einmal werden wollen«
➤ Ein eigenes Hörspiel mit Geräuschen und Musikeinspielungen unterlegen und dazu spielen.
➤ Handschatten erproben und Handschattenspiele erzeugen.

Kasperlefiguren

Alter: ab 8 Jahren

Material: Eierkarton; Zeitungspapier oder
Styroporkugeln, Ø 5–6 cm; Garn; fingerdicker
Stab; Kleister; Schüssel; Flasche; weißes Toilet-
tenpapier; Wasserfarben; Pinsel; farbloser
Lack; Märchenwolle; Plastiform/Holzmaché.
Für das Puppenkleid: Stoff; Schere; Nadel;
Faden; Filz; Stecknadeln; Borte; Reststoff.
Für Stofftiere: Fellreste; Teddystoff; Schere

Einführung

Kasperlefiguren handeln und agieren aus ihrem
Wesen heraus, mit positiven Lösungen am Spielende. Jede Figur ist klar erkennbar, sie hat einen
festgelegten Charakter. Kasperletheater ist die
wichtigste Form des Handpuppenspiels. Der pfif-
fige Kasper steht im Mittelpunkt, er ist authen-
tisch und beispielgebend: *«Oh, da muss ich mir
aber gründlich die Hände waschen, bevor ich Groß-
mutters Geburtstagskuchen probiere.»* Beim Kasperlespiel sind die Zuschauer tatkräftig und ganz-
heitlich eingebunden. Sie warnen vor Gefahren,
stellen sich auf die Seite des Guten und gegen das
Schlechte und fiebern mit den Spielakteuren mit.
Kinder lieben diese Theaterform, sie schlüpfen in
das vorgegebene Rollenverhalten. Ihr Spiel ist
vorbehaltlos und ein Spiegelbild ihrer selbst.

Bauanleitung

Mit Zeitungspapier den Kopf als Grundform fest
knüllen, mit Garn umwickeln oder eine Kugel
einsetzen. Einen fingerdicken Stab einbinden
und die Grundform in eine Flasche stellen.
Eierkarton oder Zeitungspapier klein reißen.
Kleister anrühren, mit Papierschnipseln einen
festen Teig kneten.

Die Masse auf die Kopfgrundform auftragen.
Gesicht mit Nase, Augenbrauen, Augenhöhlen
und Lippen modellieren. Zum Schluss den Kopf
mit weißen Toilettenpapier-Schnipseln bede-
cken, dies erleichtert das spätere Bemalen.
Den Kopf eine Woche trocknen lassen, bei Bedarf bei geringer Hitze im Backofen trocknen.
Mit Wasserfarben das Gesicht grundieren, dann
gestalten. Zum Schluss lackieren und Haare aus
Märchenwolle oder Fell anfügen.
Das Schnittmuster für das Puppenkleid (➔ S. 100)
mit Stecknadeln auf dem doppelt gelegten Stoff
fixieren, das Kleid zuschneiden. Aus doppelt ge-
legtem Filz je zwei Hände zuschneiden.
Die Stoffteile auf links wenden, Seitenteile zunä-
hen, Hände einnähen und seitlich schließen.
Das Kleid wenden, Halsausschnitt oder Halsschlitz
einschneiden. Das Kleid am Puppenhals ankleben
oder mit Gummi befestigen. Als Sichtschutz Hals-
tuch, Kragen oder Halskrause anbringen.

Je nach Figur Schürze, Stoffflicken, Umhang, Knöpfe, Bänder und Borten hinzufügen. Räuberbart, Indianerstirnband mit Feder, Zauberhut, Zauberstab, Königskrone, Hexenkopftuch aus Filz herstellen und der Figur aufsetzen. Für die Tiere dasselbe »Puppenkleid« benutzen, jedoch erhält die Tierkopfform anmodellierte spitze Ohren und Hörner. Die Tierschnauze wird nach vorne rund (für eine Katze) oder spitz zulaufend (für Hund oder Maus) anmodelliert.

Tipps

> Aus Handschuhen oder Socken Handpuppentiere dazu gestalten (→ S. 42–48).
> Die Kasperlepuppen nach dem Spiel mit Stab in Flaschen stecken, mit Indianerzelt, Schatzkiste, Zauberstein in eine fantastische Kulisse stellen. Eine Ausstellung organisieren, evtl. eine »Urkunde für die besten Puppenbauer der Welt« überreichen.

Spielidee

Die Kinder entwickeln ein eigenes Kasperlespiel. Einige Vorschläge sind im folgenden Kapitel aufgeführt. Jedes Kasperletheater benötigt Publikum, deshalb für die Nachbarklasse, die zu Gast weilenden Kindergartenkinder oder bei der Einschulungsfeier vorführen. Eine besondere Gelegenheit bietet ein Jubiläum oder Geburtstag, die Ehrung von Lehrkräften und Schulleitung oder die Begrüßung eines besonderen Gastes in der Einrichtung.

Spielstücke

Kasperle-Stücke

Alle Stücke entstanden im Unterricht, mit Eltern, Mitarbeitern oder wurden von mir ausgearbeitet. Sie dienen als Anregung, sind veränderbar und auch mit anderen Handpuppen nachspielbar (Bauanleitung für Kasperlepuppen ➜ S. 67–68).

Der Fastnachtshut

Es spielen mit: Kasper, Gretel, Räuber
Requisiten: großer Faschingshut, Geldstück, Korb

Kasper: (Man sieht zuerst nur seine Beine. Sie tanzen zu Tri-tra-trullala. Dann taucht Kasper ganz auf. Zwiegespräch mit den Kindern:) *»Hallo Kinder, kennt ihr mich? Richtig, ich bin der Kasper. Heute habe ich meine roten Sonntagsschuhe an!«* (Sie sind blau). *»Ach ja, ihr feiert ja heute das Osterfest.«* (Nein, Faschingsfest) *»Ich muss mir erst meine Beine ausschütteln.«* (Setzt sich auf den Bühnenrand und hebt beide Beine hoch.) *»Na, da staunt ihr, so was Tolles könnt ihr natürlich nicht!«* (Kinder wehren sich und machen es nach.) *»Upps, ich glaube, ihr könnt ziemlich viel, und wenn ich euch so anschaue, geht ihr wohl auf das Faschingsfest? Wisst ihr, woher ich das weiß?«* (Nein!) *»Ihr seid nämlich alle so komisch angezogen. Ich will da auch hin, zusammen mit meiner Freundin Gretel. Helft mir mal, sie zu rufen!«*

Kasper und Kinder: *»Gretel!«*

Gretel: *»Ja, ja, ich komme ja schon! Hallo, Kinder, ich bin die Gretel! Du, Kasper, ich habe extra duftende, leckere Pfannkuchen für das Fest gebacken!«*

Kasper: (schnuppert.) *»Das riecht aber lecker. Meine Lieblingsspeise! Gretel, kann ich mal ein kleines Stück davon kosten?«* (Er greift in den Korb, Gretel zieht ihn weg oder schlägt ihm auf die Finger. Mehrmals probieren.)

Kasper: *»Du, Gretel, ich schenke dir auch einen Taler dafür!«* (Gibt der Gretel den Taler.)

Gretel: *»Später kannst du probieren, aber jetzt beeile dich, wir sind spät dran!«*

Kasper: *»Du, Gretel, jetzt bist du aber reich. Was machst du mit dem Taler?«*

Gretel: (überlegt und verwirft die Gedanken wieder:) *»Ich kaufe mir einen Hund. Ach, doch lieber nicht, mit dem muss ich immer Gassi gehen. Dann lieber ein Buch? Nein, lesen ist mir zu anstrengend. …Schokolade … einen Berg voller Eis … ein Schiff, den Mond?«*

Kasper: *»Nun lass uns aber losgehen, sonst fängt das Fest ohne uns an.«* (Beide gehen ein Stück.)

Kasper: *»Du, Gretel, du hast deinen Faschingshut vergessen, hole ihn schnell.«*

Gretel: *»So was Dummes, das ist ein ganz besonderer Hut, mit schönen langen Bändern!«* (geht ab)

Kasper: (zu den Kindern) *»Was hättet ihr euch denn für den Taler gekauft?«* (Kinder machen Vorschläge. Da kommt Gretel zurück.)

Kasper: *»Der Hut sieht aber toll aus! Der steht dir gut! Dreh dich mal, damit wir dich bewundern können. Nicht wahr Kinder, da können wir doch alle Beifall klatschen?«* (Klatschen.)

Gretel: (erschrocken) *»Du, Kasper, ich glaube, auf dem Herd steht noch mein letzter Pfannkuchen, den hab' ich ganz vergessen!«* (Sie läuft schnell weg.)

Kasper: *»Beeile dich Gretel, wir sind schon spät dran. Was höre ich denn da? Weint da jemand?«*

Kinder: *»Das ist die Gretel!«*

Gretel: (kommt schluchzend herein) *»Nein, so was. Wie schrecklich! Dass mir das passiert ist!«*

Kasper: *»Ist der Pfannkuchen angebrannt?«*

Gretel: (schluchzt) *»Nein, viel schlimmer!«*

Kasper: *»Ist der Besen weggelaufen?«*

Gretel: *»Nein, noch viel schlimmer!«*

Kasper: (zählt weitere Möglichkeiten auf, die Gretel immer verneint:) *»Ist eine Maus aus deinem Bett gesprungen? Ist dein schöner Hut weggeflogen? Ist der Mond vom Himmel gefallen?«*

Gretel: (berichtet weinend) *»Kasper, noch viel, viel schlimmer. Mein Taler ist verschwunden!«*

Kasper: *»Dein Taler? Aber wo hast du ihn denn hingelegt?«*

Gretel: (schluchzend) *»Aufs Fensterbrett!«*

Kasper: *»Komm lass uns umdrehen. Das Fest kann warten. Ich helfe dir suchen!«* (Man hört im Hintergrund die beiden suchen. Gretel weint, Kasper tröstet.)

Kasper: (kommt von der anderen Seite herein) *»Kinder, der Taler ist wie vom Erdboden verschluckt. Wer hat den bloß geklaut? Vielleicht eine diebische Elster, die mögen alles Glitzernde? Psst, seid mal mucksmäuschenstill, ich habe da etwas gehört?!«* (Kasper versteckt sich. Auf der anderen Seite tritt der Räuber auf. Dieser schaut sich immer wieder verstohlen um.)

Kasper: (streckt den Kopf herein, flüstert.) *»Psst, verratet mich nicht, passt auf, was der Kerl tut!«*

Räuber: (beginnt zu singen, verstummt plötzlich, lauscht.) *»Hahahahaha! Ich hab einen wertvollen, goldfunkelnden Taler gefunden. Der lag bei der Gretel auf dem Fensterbrett. Ich hab ihn in meiner Hosentasche gut versteckt.«* (Holt ihn heraus, zeigt ihn. Steckt ihn wieder ein. Kasper lugt hervor und der Räuber entdeckt ihn. Räuber flieht.)

Kasper: *»So eine Frechheit, so eine Gemeinheit!«* (Die Kinder berichten.)

Kasper: *»In der Hosentasche hat er ihn versteckt? Na warte, dich krieg' ich schon.«* (Kasper geht ab.)

Gretel: (kommt) *»Kasper, hast du den Taler gefunden?«* (Kasper berichtet kurz, was die Kinder im erzählten.)

Gretel: *»Der böse Räuber Willibald hat ihn gestohlen? Dann ist mein Taler für immer und ewig weg!«*

Kasper: *»Nein, Gretel, die Kinder und ich, wir werden den Räuber fangen. Nicht wahr Kinder?«* (Kinder bejahen.)

Kasper: *»Ich muss nur ein besseres Versteck finden, vorhin hat mich der Kerl nämlich gesehen.«* (Er überlegt laut:) *»Ja, so könnte es klappen. Nein, geht nicht. Ah, jetzt weiß ich es. Nee, ist auch keine super Idee. Aber jetzt hab ich eine geniale Idee: Gretel, gib mir mal deinen Hut!«*

Gretel: *»Was willst du denn mit meinem Hut?«* (Kasper flüstert ihr etwas ins Ohr.)

Gretel: *»Ist ja eine geniale Idee! Kasper, genauso machen wir es!«*

Kasper: (setzt den Hut auf.) *»Na, wie sehe ich aus?«* (er flüstert:) *»Wenn der Räuber auftaucht, ducke ich mich unter den Hut und er denkt: ›Oh, was für ein schöner Hut, den nehme ich mit.‹ Und dann springe ich hervor und schnappe den Räuber. Helft ihr mir dabei? Aber ihr dürft mich nicht verraten!* (Kasper duckt sich unter den Hut.) *»Ruft mich mit Tatütata, wenn er auftaucht!«*

Räuber: *»Hahahaha, da bin ich wieder!«*

Kinder: *»Tatütata!«* (Kasper lugt hervor, und weil der Räuber in seine Richtung schaut, duckt er sich wieder ab.)

Räuber: *»Was soll der Quatsch mit dem Tatütata? Ich sehe keinen Brand und keine Feuerwehr! Ich bin der Räuber Willibald und jeder kennt mich ganz genau. Hä, ist die Luft rein? Ist der Kasper da? Nein, nichts zu sehen, nur so ein alter Schrotthut liegt mitten auf dem Weg.«* (Zieht den Taler aus der Tasche, hält ihn hoch.) *»Wie der funkelt und glitzert!«* (Kasper rutscht vorsichtig mit dem Hut näher.)

Räuber: *»Hat sich der Hut da nicht bewegt? Ach, das war sicher der Wind!«*

Kasper: (ruft unter dem Hut mit drohender Stimme:) *»Du Dieb!«*

Räuber: *»Nanu, hat da jemand gerufen? Aber da ist doch keiner!«* (Schaut sich um. Hut kommt näher.)

Kasper: (lugt kurz unter dem Hut vor und ruft:) *»Du Räuber!«*

Räuber: (erschrickt) *»Da hat doch jemand geredet?«* (dreht sich mehrmals prüfend um) *»Keiner zu sehen. Der Hut kann schließlich nicht sprechen! Hab' mich getäuscht!«* (Hut kommt näher.)

Kasper: (hebt den Hut etwas und ruft:) *»Du Spitzbube!«*

Räuber: *»Ich glaube hier spukt es – oder ich höre Gespenster! Ich hole lieber meinen Geldsack und verschwinde!«*

Kasper: *»Ich hab dich gleich!«*

Räuber: *»Hilfe, Hilfe, der Hut kann reden!«*

Kasper: (springt auf, erwischt den Räuber an der Hose und hält ihn fest.) *»So, da haben wir den Dieb, ich bringe dich sofort zur Polizei, damit sie dich hinter Schloss und Riegel setzen!«*

Räuber: (jammert) *»Ich verspreche nie wieder zu räubern, ich habe doch nur ein Späßchen gemacht, ich gebe den Taler auch zurück! Bitte bloß nicht zur Polizei!«* (Beide gehen ab.)

Gretel: (schaut vorsichtig herein.) *»Ist der Räuber noch da? Wo ist er?«* (Die Kinder berichten ihr.)

Kasper: (tritt singend auf.) *»Du Gretel, ich habe den Räuber geschnappt und bei der Polizei abgeliefert!«*

Gretel: *»Du, Kasper, beim letzten Faschingsfest in Nürtingen haben die Kinder so eine tolle Abschlussrakete steigen lassen. Ob das die Kinder hier auch können?«*

Kasper: *»Das ist eine tolle Idee! Kinder, habt ihr Lust dazu?«* (Kinder stimmen zu.)

Kasper: *»Ich erkläre euch das und wir zwei machen es euch einmal probeweise vor. Passt also gut auf und hört genau zu!«*

Gretel: *»Also erst mal steigen wir trampelnd in die Rakete ein.«* (trampeln) *»Jetzt schlagen wir die Tür zu …«* (klatschen) *… und klettern ins Raumschiff.«* (klopfen)

Gretel: *»Den Motor anlassen … (brummen) … und Feuer frei!«* (zischen). *»Ersten Raketenantrieb starten.«* (klatschen) *»Zweite Stufe anschalten.«* (klatschen und trampeln) *»Start frei, wir* *heben ab!«* (zischen, klatschen, trampeln und schreien) *»Jetzt ist sie hoch am Himmel!«* (Ah und oh rufen.) *»Sie bricht durch die Atmosphäre und tritt in die Stratosphäre ein.«* (leiser werden) *»Bald landet sie auf dem Mond.«* (Ganz leise sein.)

Kasper und Gretel: *»Seid ihr zu einer Fahrt auf den Mond bereit? Alle einsteigen!«* (Spiel wiederholen.)

Kasper und Gretel bedanken sich und gehen singend ab. Gretel kommt zurück und bedankt sich für die Hilfe. Geht ab. Kasper kommt, bedankt sich für den tolle Raketenausflug. Geht ab. Gretel kommt zurück und wünscht einen guten Heimweg.

Das verschwundene Geburtstagspaket

Es spielen mit: Kasper, Hund Wuschel, Zauberer
Requisiten: Paket, Schlüssel

Kasper: (tritt auf) *»Hallo, Kinder, ich bin der Kasper, ihr kennt mich ja sicher schon! Wusstet ihr, dass ich zehn Beine habe, nicht wie ihr nur zwei?«* (Die Kinder glauben ihm nicht.)

Kasper: (zählt seine Beine) *»Das ist mein erstes Bein.«* (Bein zeigen, dann wegziehen) *»Das ist mein zweites Bein.«* (so weitermachen bis zum zehnten Bein)

Kasper: *»Wisst ihr, Kinder, ich bin heute in der … ….(Name der Schule einsetzen) eingeladen, denn dort hat heute jemand Geburtstag. Leider weiß ich nicht genau, wo diese Schule ist. Ist sie in der Wiesenstraße 12?«* (Die Kinder berichtigen ihn. In der Zwischenzeit tritt Wuschel auf.)

Wuschel: *»Hallo, Kinder!«* (Er legt die Pfoten über den Bühnenrand und schaut sie direkt an). *»Wau, so viele Kinder mit frisch gewaschenen Nasen! Wusstet ihr, dass ich der schlaueste Hund der Welt bin? Ich kann nämlich singen, zählen, lesen und sogar ein Gedicht vortragen!«*

Kasper: *»Du, Wuschel, wir müssen doch noch ein Geburtstagsgeschenk kaufen, schließlich geht man zu einem Fest nie ohne ein Geschenk, das ist unhöflich!«* (Sie überlegen, die Kinder rufen Vorschläge zu. Wuschel bellt laut und flüstert Kasper etwas ins Ohr. Beide gehen ab. Hinter der Bühne raschelt es.)

Kasper: (erscheint mit einem großen Paket) *»Wuschel, wo bist du?«* (Wuschel kommt nicht.) *»Oh je, Kinder, vielleicht habe ich Wuschel zu Hause versehentlich eingesperrt! Ich muss nochmal zurück. Passt ihr bitte auf das Paket auf?«* (Kasper geht ab. Der Zauberer erscheint.)

Zauberer: (stolpert am Paket vorbei, ohne es zu sehen). *»Hallo, Kinder, ich bin der mächtige Zauberer Bimbamborium! Ich habe eine ganz besondere Leidenschaft: Ich sammle bunte Schachteln aller Art und Größe und jetzt fehlt mir nur noch eine, dann habe ich 1000 Stück!«* (Beim Rückwärtsgehen stolpert er über das Paket. Die Kinder verteidigen es, denn sie sollen ja darauf aufpassen. Der Zauberer beruhigt sie, er wolle die Schachtel nur mal kurz hochhalten und schütteln, er sei ein lieber Zauberer. Er schüttelt, riecht daran, wiegt sie hin und her. Dabei schiebt er sie immer näher zum Leistenende und rennt plötzlich damit davon. Die Kinder rufen sofort nach dem Kasper. Kasper kommt atemlos zurück und stellt fest, dass das Paket verschwunden ist. Die Kinder berichten, was geschah. Wuschel schnüffelt und findet etwas. Er raunt seine

Entdeckung in Kaspers Ohr und gibt ihm den Schlüssel, der dem Zauberer gehört.)

Wuschel und Kasper: *»Psst, Kinder, seid leise und verratet uns nicht!«* (Beide verstecken sich und legen sich auf die Lauer. Der Zauberer kommt zurück, schimpft über seine Vergesslichkeit und sucht den Schlüssel. Kasper legt den Schlüssel auf den Weg, und als sich der Zauberer bückt, schnappt Wuschel zu.)

Kasper: *»Sie gemeiner Dieb! Wieso haben Sie das Paket gestohlen?«*

Zauberer: *»Ich habe es gar nicht gestohlen, sondern gefunden und deshalb gehört es jetzt auch mir!«* (Ein Streit um das Paket entbrennt, schließlich einigen sie sich und beschließen, das Überraschungspaket in die Schule zu tragen. Der Zauberer überreicht das Paket an das Geburtstagskind und alle wünschen eine schöne Feier.)

Reingelegt!

Es spielen mit: Kasper, Hund Bello, Räuber
Requisiten: Sack, Schaufel, Äste, Korb mit Bonbons, Glocke

Kasper: (tritt auf mit Tri-tra-trulalla-tri-tra-trulalla. Er schaut hinter dem Vorhang vor, verschwindet, taucht auf der anderen Seite wieder auf, geht in den Raum, kehrt zurück, bleibt am Bühnenrand stehen und begrüßt alle) *»Was macht ihr denn alle hier, seid ihr zum Kaffeeklatsch hier, oder wollt ihr vielleicht einen Ausflug machen oder hier gar übernachten?«* (Die Kinder erzählen. Wenn es laut wird, flüstert der Kasper und fordert die Kinder auf, ebenfalls flüsternd zu erzählen!)

Kasper: *»Ah ja, richtig, ich bin ja deshalb nach ....* (Name des Ortes einsetzen) *an die .....* (Name der Schule einsetzen) *gekommen. Ich habe vorhin an der Tür gelauscht und weiß, hier bin ich richtig! Schaut, hier habe ich auch die Einladung. Ich habe vorhin gehört, wie der Chor so ein tolles Begrüßungslied geschmettert hat. Das möchte ich soooo gerne lernen!«* (Das Lied gemeinsam singen.) *»Ach ja, ich hab euch natürlich zur Feier des Tages auch etwas mitgebracht. Wollt ihr wissen, was?*

Kinder: *»Jaaaa!«*

Kasper: *»Ihr Naseweis! Ich verrate es nicht, ratet doch mal? Ich habe den Korb in der Garderobe abgestellt.«* (Kinder raten, Kasper hört nur zu.) *»Ich werde den Korb holen!«* (Geht ab. Inzwischen ist der Räuber an der Schulaula angekommen. Er läuft in die Garderobe, schnappt sich den Korb und verschwindet damit. Kasper kommt atemlos zurück)

Kasper: *»Kinder, mein Geschenkkorb ist weg, einfach weg!«* (Die Kinder erzählen, wer der Dieb ist. Bello, Kaspers Hund, kommt, hört zu, bellt, knurrt und flüstert Kasper etwas ins Ohr. Beide gehen ab, erscheinen wenig später mit Sack und Schaufel und begeben sich auf die Suche. Bello erschnüffelt die Räuberspur. Sie graben ein Loch, überdecken es mit Ästen und legen sich auf die Lauer. Der ahnungslose Räuber erscheint und stürzt mit Geschrei in das Loch. Bello schnappt sich den Räuber, Kasper zieht ihm den Sack über den Kopf und beide führen ihren Gefangenen zur Schulaula ab. Dort angekommen, fragen sie die Kinder, was sie mit ihm tun sollen. Die Kinder rufen Vorschläge zu.)

Kasper: *»So, du elender Räuber, du wirst jetzt Küchendienst machen, danach alle Stühle im Festsaal stapeln und dann den Saal putzen!«* (Der

Räuber jammert, ist entsetzt, putzen sei unter seiner Räuberwürde. Wozu hat die Schule einen Hausmeister! Der Räuber wird abgeführt. Kasper und Bello schleppen den Korb herein, es regnet Bonbons auf die Kinder. Sobald es ruhiger ist, singt der Kasper das Eingangslied und wünscht allen den allerschönsten Tag der Welt.)

Die verzauberte Prinzessin

Es spielen mit: Kasper, Hund, Esel, Räuber, Prinzessin, König, Zauberer
Requisiten: 2 Zauberbüchsen, gezauberte Dinge wie Lebkuchen, Wein, kleines Auto, Kerze, Spielzeugmaus

Kasper: (kommt auf die Bühne) *»Hallo, Kinder! Na, habt ihr euch auch alle die Hände gewaschen, die Haare gekämmt, die Nase geputzt und die Ohren gekrault?«* Wisst ihr Kinder, ich *möchte heute mal einen Waldspaziergang machen. Wann wart ihr denn das letzte Mal im Wald?«* (Kinder antworten, Kasper hört zu. Kasper geht nun in den Wald, hört ein Weinen und findet einen schluchzenden Esel.)

Kasper: *»Was machst du so alleine im Wald?«* (Er streichelt ihn.)

Esel: *»Ich bin gar kein Esel, ich bin eine verzauberte Prinzessin. Der Räuber Schießmichtot hat seit Neuestem eine Zauberbüchse, die er dem Zauberer gestohlen hat. Und weil der König, mein Vater, den Räuber einsperren wollte, hat er mich einfach in einen Esel verzaubert.«*

Kasper: *»Kannst du mir die Zauberbüchse ganz genau beschreiben?«*

Esel: *»Ja, sie ist groß, mit Sternen besetzt und mit einer goldenen Kordel umwickelt.«*

Kasper: *»Ich glaube, da kommt jemand, das könnte der Räuber sein. Psst, verstecken wir uns!«* (Der Räuber kommt, setzt sich, zieht einen Zauberspruch nach dem anderen aus der Zauberbüchse und zaubert sich eine Flasche Wein, einen Lebkuchen, ein kleines Auto und eine Kerze. Und schwuppdiwupp, stehen die Dinge vor ihm. Zufrieden geht er nach Hause.)

Kasper: *»Eselchen, komm her. Lass uns überlegen. Gemeinsam fällt uns sicher etwas ein.«* (Sie tuscheln, dann beschließt der Kasper, zu Hause die Zauberbüchse nachzubauen.) *»Komm, versteck dich gut im Gestrüpp und warte, bis ich zurück bin!«* (Zu Hause bastelt sich der Kasper die beschriebene Zauberbüchse nach, geht zum Räuberhaus und klingelt.)

Kasper: *»Hallo, Herr Räuber, ich wollte dir zum Geburtstag gratulieren und dir eine Flasche von deinem Lieblingswein schenken!«* (Der Räuber bittet ihn erstaunt herein. Als guter Gastgeber will er mit dem Kasper ein Gläschen Wein trinken. Kasper hat die Zauberbüchse entdeckt, tauscht sie blitzschnell aus und als der Räuber mit den gefüllten Weingläser erscheint, sitzt der Kasper unschuldig auf seinem Stuhl. Sie reden noch ein wenig miteinander, ehe der Kasper aufbricht.)

Kasper: (im Wald angekommen): *»Psst, Prinzessin, äh Eselchen, ich bin's, der Kasper!«*

Esel: *»Ia. Hast du es geschafft?«* (Kasper erzählt alles.) *»Steh still, damit ich dich zu …«* (Da hören sie ein Knacken. Der Räuber kommt. Beide verstecken sich blitzschnell.)

Räuber: (Klopft dreimal an die Zauberbüchse, murmelt:) *»Abrakadabra, 1–2–3 , eine neue Pfeife schwebe herbei!«* (Aber seltsam, nichts rührt sich. Er macht erst eine kleine Pause, überprüft in der Dunkelheit die

Büchse, aber alles scheint in Ordnung zu sein. Der Kasper klopft seinerseits dreimal leise an seine Büchse, murmelt den Zauberspruch und die Prinzessin steht leibhaftig vor ihm.)

Räuber: *»Also, ich hab einen Bärenhunger!«* (Wieder klopft er an die Büchse, murmelt den Zauberspruch, aber nicht passiert. Er probiert und probiert.)

Kasper: *»Da kannst du lange üben. Ich habe die echte Zauberbüchse, schau!«* (Räuber springt wutentbrannt auf, greift nach seiner Zauberbüchse, schnappt sie und will triumphierend weglaufen. Da kommt atemlos Bello angerannt, beißt dem Räuber ins Bein, der lässt die Büchse fallen und schreit um Hilfe. Bello lässt jedoch nicht los. Kasper hebt die Büchse auf, klopft dreimal daran, ruft den Zauberspruch:) *»Abrakadabra,1–2–3, der Räuber für immer ein kleine Maus nun sei.«* (Sofort huscht der Räuber als kleine Maus auf und davon, doch Bello schnappt die kleine Maus mit einem mächtigen Satz. Voller Stolz trägt er sie im Maul und sie machen sich auf den Weg zum königlichen Schloss.)

König: *»Vielen lieben Dank, Kasper, dass du meine Tochter gerettet hast!«* (König und Prinzessin fallen sich um den Hals. Die Prinzessin erzählt die Geschichte, Bello bellt bestätigend mit.)

Prinzessin: *»Der Räuber soll aber seine gerechte Strafe erhalten. Komm, Kasper, zaubere ihn wieder zurück!«*

Kasper: *»Ich zaubere aber nun zum letzten Mal, dann bringe ich die Zauberbüchse meinem Freund, dem großen Zauberer Wackelzahn, wieder zurück.«* (Der Kasper zaubert. Der Räuber erscheint wieder, wird abgeführt und

wandert ins Gefängnis. Kasper verabschiedet sich von den Zuschauern und eilt zum Zauberer Wackelzahn.)

Die Überraschung

Es spielen mit: Kasper, Prinzessin, Zauberer
Requisiten: Zauberstab, Klingel, Medaillen

Kasper: *»Hallo, Kinder!«* (Es klingelt. Kaspar eilt hinaus und kommt mit einer Einladungskarte zurück.) *»Soll ich euch die Karte vorlesen?«* Oh, *super, hier seht, dass ich zu einer Kinderolympiade in die ….. (Name der Einrichtung einsetzen) eingeladen werde, darüber freue ich mich mächtig. Da gehe ich auf jeden Fall hin. Aber jetzt muss ich mich gut vorbereiten«!* (Er macht sofort einige sportliche Übungen und fordert die Zuschauer auf, mitzumachen. Sie stehen auf, setzen sich, recken die Arme schwenkend in die Höhe, machen den Hampelmann und zum Schluss noch zehn Kniebeugen. Kasper ist atemlos, die Zuschauer auch.) *»Ich habe eine tolle Idee. Ich werde der … (Name der Einrichtung einsetzen) Medaillen spendieren, 119 Stück brauche ich.* (Kasper geht ab.)
Beim Zauberer: Dieser beschließt, seine Wohnung zu verschönern und die zahllosen Löcher zu überdecken. Tapezieren ist ihm zu langweilig.

Zauberer: *»Wo habe ich bloß mein Zauberbuch hingelegt?«* (Er findet es nicht und zaubert aus dem Gedächtnis, erfolglos. Auf der Straße fand er eine Einladung zum Sporttag und las etwas über Medaillen. Er beschließt zum Sportplatz zu laufen, um diese Medaillen für seine löchrigen Wände zu stehlen. Geht ab.)

Kasper: (tritt mit einer Schachtel voller Medaillen auf, hängt sich eine um den Hals und lässt sich von den Zuschauern bewundern. Da klingelt es. Die Prinzessin steht vor der Tür. Kasper hatte sie zum Kaffeeklatsch eingeladen.)

Prinzessin: *»Hallo, Kasper! Die Medaillen sehen aber toll aus!«* (Gerade an diesem Augenblick kommt der Zauberer am Haus vorbei. Als er Stimmen hört, bleibt er stehen, lauscht und sieht und hört alles. Prinzessin und Kasper beschließen, im Garten Blumen für den Kaffeetisch zu pflücken. Der Zauberer will diese Gelegenheit nutzen und als die Beiden hinausgehen, schleicht er sich hinein, schnappt die Schachtel mit den Medaillen und ist verschwunden. Als die zwei zurückkehren, berichten die Kinder, was geschehen ist. Die beiden flüstern miteinander, nicken sich zufrieden und begeistert zu.)

Kasper: *»Also, Prinzessin, geh gleich los. Ich drücke dir die Daumen, dass alles klappt.«* (Er holt eine kleine Dose, in der etwas liegt. Die Prinzessin schaut kurz hinein und strahlt. Dann nimmt sie ihre Krone ab und gibt sie dem Kasper. Die Zuschauer sehen nicht, was es ist. Beide gehen ab. Die Prinzessin geht zum Zauberer und sieht, wie er die Schachtel unter dem Sofa versteckt. Die Prinzessin bietet ihm einen besonders wertvollen Orden zum Kauf an. Der Zauberer nimmt das Prachtstück in die Hand und geht vor das Haus, um es funkeln zu sehen. Kasper schleicht sich ins Räuberhaus, die Kinder flüstern ihm zu, wo die Schachtel ist, er holt sie leise hervor und verschwindet mit ihr. Die Prinzessin hat alles beobachtet. Sie verlangt für den funkelnden Orden einen hohen Preis, am Ende aber schenkt sie ihm diesen und geht.)

Zauberer: (holt einen Hammer, um den Orden an der Wand aufzuhängen und die gestohlenen Medaillen gleich dazu.) *«Das wird ein toller Wandschmuck!«* (Er greift unters Sofa, ins Leere. Wutentbrannt ruft er:) *»Das kann nur der Kasper gewesen sein und die Frau, das war natürlich die Prinzessin!«*

Kasper und Prinzessin erreichen das Sportfest, um die Medaillen zu übergeben. Der Zauberer stürmt herein, versucht, ihnen die Schachtel zu entreißen. Kasper meint, die Kinder würden über diesen Raub sehr traurig sein und in Tränen ausbrechen. Der Zauberer glaubt es nicht, doch alle Kinder weinen sofort laut los. Erschrocken hält er inne, entschuldigt sich und sie verteilen gemeinsam die Medaillen.

Im Wald da sind die Räuber

Es spielen mit: Kasper, Großmutter, Seppel, Hund Bello, zwei Räuber, Polizist
Requisiten: Geldbeutel, Kuchen, Handy

Kasper: (tritt auf, erzählt, dass er seine Großmutter besuchen möchte, und macht sich auf den Weg. Dabei plaudert er mit den Zuschauern:) *»Warum seid ihr heute am Samstag freiwillig in …. (Name der Einrichtung einsetzen)? Dort lernt man doch gar nichts, dort ist es langweilig, so etwas braucht niemand!«* (Dabei kommt er bei der Großmutter an. Sie begrüßen sich. Großmutter holt einen Kuchen, Kasper darf daran schnuppern. Er soll ihn zum Fest mitnehmen. Er bittet die Großmutter um etwas Taschengeld, denn seines sei verbraucht. Er fragt die Kinder:) *»Geht es euch auch so? Es ist halt immer zu wenig und* *viel zu schnell ausgegeben!«* (Kinder bejahen, erzählen kurz. Kasper schlägt vor, seinen besten Freund, den Seppel, abzuholen.)

Zwei Räuber treten auf. Sie wollen auch zum Fest, denn dort gibt es tolle Sachen, die sie auch gerne hätten: Kuchen, Würstchen, Leckereien und vor allem Geld. Aber als Räuber würde man sie nicht hereinlassen. Da kommt Kasper des Weges und die Räuber riechen schon von Weitem den duftenden Kuchen. Sie hören, wie Kasper überlegt, was er mit dem Taschengeld von Großmutter kaufen möchte. Die Räuber haben einen Plan, wie sie an den Kuchen und das Taschengeld gelangen könnten. Einer wirft sich auf den Boden und schreit verzweifelt um Hilfe. Sein Kumpel versteckt sich hinter einem Baum. Kasper bleibt stehen, lauscht und rennt los, um Hilfe zu leisten. Er legt den Kuchen und seinen Geldbeutel auf den Boden, um sich um den Verletzten zu kümmern. Der andere Räuber schleicht sich an, schnappt Kuchen und Geldbeutel und rennt weg. Der Verletzte hat alles beobachtet, jammert, er sei gestolpert, habe sich am Fuß verletzt. Kasper hilft ihm auf. Er bedankt sich und humpelt weg. Als Kasper nach Kuchen und Geldbeutel greifen will, ist da nichts. Er sucht alles ab. Die Kinder berichten von dem zweiten Räuber. Kurzer Dialog. Kasper murmelt vor sich hin und geht ab.

Die beiden Räuber erreichen ihr Räuberhaus, da entdecken sie die Zuschauer. Die Kinder fordern die Räuber zur Rückgabe des Diebesgutes auf. Die Räuber sind damit nicht einverstanden. Sie werden den Kuchen essen, Kaspers Geld verprassen. Um nicht erkannt zu werden, wollen sie sich ordentlich kämmen, die Nase putzen und die Hände waschen. Sie gehen ins Bad.

Kasper: (kommt, fragt die Kinder:) *»Habt ihr die Räuber gesehen? Wo sind sie?«* (Die Kinder berichten, was die Räuber vorhaben.) Kasper, Seppel und Bello machen sich auf die Suche, Bello entdeckt schnüffelnd die Spur. Sie blicken durch das Fenster im Räuberhaus. Kasper und Bello verstecken sich. Die Räuber betrachten sich zufrieden im Spiegel und decken den Kaffeetisch. Da hören sie ein seltsames Geräusch.

Räuber: *»Du, ich hab da was gehört, ich glaube draußen ist jemand. Ich schau mal nach!«* (Er geht hinaus. Kasper hält ihm sofort den Mund zu. Als der Räuber nicht zurückkommt, geht der Zweite vor die Tür. Seppel rennt ins Haus, schnappt Kuchen und Geldbeutel. Als der zweite Räuber die offene Gartentür entdeckt, will er sie schließen und Bello schnappt zu. Kasper hält noch immer den ersten Räuber gut fest. Und so machen sie sich auf den Weg in die ….(Name der Einrichtung). Die Räuber versuchen mehrmals auszureißen, doch Bello passt gut auf. Kasper bittet die Spielleitung um ein Handy und alarmiert die Polizei. Polizeisirenen sind hörbar, im Hintergrund hört man, wie die Räuber verhaftet werden. Kasper gibt das Handy zurück. Kasper, Seppel und Bello verabschieden sich von den Zuschauern.)

Fingerspiel-Theater

Zehn kleine Fledermäuse

Für zwei Hände
Alter: ab 3 Jahren

Zehn kleine Fledermäuse	(Zehn Finger zeigen)
fliegen hin und fliegen her.	(Finger spreizen und Handflächen hin und her bewegen)
Zehn kleinen Fledermäusen	(Zehn Finger zeigen)
gefällt das heute sehr.	(Finger bewegen sich mit Flugbewegungen aufeinander zu.)
Zehn kleine Fledermäuse	(Zehn Finger zeigen)
spielen mal Versteck.	(Finger ineinander verzahnen)
Zehn kleine Fledermäuse	(Zehn Finger zeigen)
schwirren einfach weg.	(Eine Hand nach rechts bewegen, die andere nach links)
Zehn kleine Fledermäuse	(Zehn Finger zeigen)
haben sich so lieb.	(Die Finger beider Hände berühren sich gegenseitig mit den Fingerkuppen)
Zehn kleine Fledermäuse	(Zehn Finger zeigen)
flüstern: »Schön, dass es dich gibt!«	(Finger beider Hände spreizen und ineinanderschieben wie beim Händefalten)
Zehn kleine Fledermäuse	(Zehn Finger zeigen)
schlafen friedlich ein.	(Fingerspitzen gespreizt nach unten halten, zart bewegen)
Zehn kleine Fledermäuse	(Zehn Finger zeigen)
schnarchen, ihr müsst ganz leise sein!	(Schnarchen, lauter werden und wieder leise sein)

Reimspiele

Der kleine Löwe

***Endlosspiel mit eigener Melodie und Finger-
puppen (Bauanleitung z. B. ab S. 62)***

Alter: ab 6 Jahren

*Ein kleiner Löwe, ein kleiner Löwe, ein kleiner Löwe
geht einmal spazieren.
Ein kleiner Löwe, ein kleiner Löwe, ein kleiner Löwe
geht ganz leis' zum Fluss.
Ein kleiner Löwe, ein kleiner Löwe, ein kleiner Löwe
schlappert Wasser nun.
Ein kleiner Löwe, ein kleiner Löwe, ein kleiner Löwe
kratzt sich hinter dem Ohr.*

Zehn kleine Tiere

Aufzähl-Spiel
Alter: ab 4–5 Jahren

Zehn *kleine Tiere, zehn kleine Tiere, spielten mal
Versteck, eines ist davon gelaufen und war auf einmal weg.*
Neun *kleine Tiere, neun kleine Tiere spielten wieder Versteck, eines wurde nicht gefunden und war
auf einmal weg.*
Acht *kleine Tiere, acht kleine Tiere spielten mal
Versteck, eines ist dann eingeschlafen und war auf
einmal weg.*

Sieben *kleine Tiere, sieben kleine Tiere spielten
wieder Versteck, eines ist unterm Tisch verschwunden und war auf einmal weg.*
Sechs *kleine …*
eines ist hinter dem Rücken verschwunden und …
Fünf *kleine …*
eines ist unters Shirt geschlüpft und …
Vier *kleine …*
eines hat sich in der Hosentasche versteckt und …
Drei *kleine …*
eines ist in den Schulranzen geschlüpft und …
Zwei *kleine …*
eines hat sich unterm Stuhl versteckt und …
Ein *kleines …*
hat sich zwischen den Knien versteckt und …

*Zehn kleine Tiere sind plötzlich wieder da.
Zehn kleine Tiere rufen laut: Hurra!
Das erste kleine Tier ist plötzlich wieder da.
Es hatte sich zwischen den Knien versteckt und alle
rufen: Hurra!
Das zweite kleine Tier ist plötzlich wieder da.
Es hatte sich unterm Stuhl versteckt und alle ru-
fen: Hurra!
Das dritte ….
Es hatte sich …und alle rufen …*

Spielgeschichten

Wie Katze und Maus Freundschaft schlossen

Erzählgeschichte

Es spielen mit: kleine Maus und kleine Katze oder viele Mäuse und Katzen

Es war einmal eine kleine Maus, die zog aus der Stadt in ein Bauernhaus und kannte sich dort noch gar nicht aus. Sie streunte durch Haus und Hof, als sie ein Miauen hörte. Erschrocken blieb sie stehen, machte sich winzig klein und sah, wie die Katze auf sie zukam. Für die Maus war die Katze ein echter Riese, obwohl diese noch ein Katzenkind war. Aber das wusste die Maus natürlich nicht! In der Stadt hatte sie noch nie eine echte, lebendige Katze getroffen. Also rührte sich die kleine Maus keinen Zentimeter, sondern verharrte wie ein kleiner grauer Stein. Achtlos ging die kleine Katze vorbei. *»Wow, noch einmal Glück gehabt!«* fiepte die kleine Maus erleichtert und versteckte sich im Mauseloch.

Am anderen Tag trippelte die kleine Maus abermals über den Hof und plötzlich stand wieder die kleine Katze vor ihr. Direkt vor ihren großen Pfoten mit den scharfen Krallen. *»Bitte tu mir nichts, schau ich bin ja noch so klein und da drüben steht eine Schale Milch, die wird dir viel besser schmecken als ich winzig kleine, graue Maus!«* Die Katze erhob ihre Tatzen, doch die Maus war blitzschnell davongelaufen. Am späten Nachmittag wagte sich die kleine Maus neugierig wieder hinaus. *»Gott sei Dank, keine Katze zu se-*

hen!« Sie trippelte hin und her, fand hier ein Weizenkörnchen, dort ein Maisstückchen, und als sie um die Ecke bog – stand sie abermals direkt vor den Füßen der Katze. Vor Schreck brachte sie keinen Laut hervor. *»Miau!«* schnurrte die Katze. *«Wen haben wir denn da? Bist du nicht die kleine Maus von heute Morgen?«* Zitternd hauchte die kleine Maus nur *» Ja«*. Vorsichtig schob die Katze ihre Pfote über die kleine Maus. Entsetzt schloss die kleine Maus die Augen. *»Jetzt ist alles vorbei!«* Doch nichts passierte. Als sich die Maus traute, die Augen zu öffnen, war die Katze spurlos verschwunden.

Am Abend stand die Katze plötzlich vor dem Mauseloch und versuchte, mit der Pfote hineinzugelangen. *»Miau, komm doch heraus!«* raunzte die freundlich. Vorsichtig lugte die kleine Maus mit der Nasenspitze heraus. Die Katze beugte sich vor, sodass sie ihr direkt in die großen, grünen, schrägen Augen blickte. Entsetzt fuhr sie zurück und traute sich an diesem Abend nicht mehr vor ihr Mauseloch.

Am nächsten Morgen schaute sie vorsichtig hinaus. *»Super, katzenfreie Zone!«* Sie marschierte hinaus, trippelte eilig über den Hof, um zu frühstücken. Danach putzte sie mit den Vorderpfoten das Gesicht und zog die Barthaare glatt. Und da war die Katze! Vorsichtig berührte sie mit der Pfote die kleine Maus, diese erstarrte vor Entsetzen. *»Miau«*, raunzte die kleine Katze, *»du bist wohl neu hier? Ich will nur mit dir spielen.«* ›Sie will nicht mit mir spielen, sondern mich fressen!‹ dachte die kleine Maus. Weglaufen war in diesem Moment unmöglich. Die Katze berührte vorsichtig die kleine Maus und schubste sie etwas. Einen Augenblick der Unaufmerksamkeit und die Maus flüchtete.

Doch am Nachmittag trafen die beiden abermals aufeinander. Die Maus war nun mutiger, denn sie erinnerte sich, dass die Katzenpfote warm und weich war und sie keine Krallen ausgefahren hatte. Das machte sie neugierig. Mutig pflanzte sie sich vor der anscheinend schlafenden Katze auf und fiepte.

Die Katze öffnete langsam ihre graugrünen Augen. *»Danke, dass du mich bisher nicht gefressen hast. Darf ich mich vorstellen? Ich bin Minka, eine Stadtmaus.«* Die Katze war sprachlos. *»So eine kleine freche aber durchaus mutige Maus hat die Welt noch nicht gesehen! Ich heiße Susi und bin hier geboren worden.«* Erleichtert schaute die kleine Maus zur großen Katze auf. *»Du, ich hätte da einen Vorschlag. Wenn man sich kennt und mit Namen anredet, ist man doch befreundet, nicht wahr?«* sprach die kleine Maus völlig unerschrocken. *»Und Freunde tun sich doch nichts, nicht wahr?«* *»Miau«* antwortete zustimmend die Katze. *»Na gut, dann lass uns doch Freunde sein.«* Und so geschah es: Maus und Katze wurden Freunde und blieben für immer zusammen.

Der kleine Angeber

Diese Geschichte eignet sich sehr gut dazu, gemeinsam ein Gedicht zu lernen.

Alter: ab 4 Jahren

Es spielen mit: Ein Bär oder viele Bären, zwei Vögel

Es war einmal ein großer brauner, tapsiger Bär, der stapfte durch den Wald. Als er hungrig wurde, stapfte er zum nahegelegenen Fluss. Er stellte sich mitten in den Fluss, blieb ruhig stehen, schnappte sich mit seiner mächtigen Pranke einen Fisch. Was für ein leckeres Mittagessen!

Er stapfte aus dem Fluss heraus, schüttelte sein dichtes, braunes Bärenfell, dass die Wassertropfen nach allen Seiten flogen, und brummte gut gelaunt: *»Zum Nachtisch ein paar leckere Beeren, das wäre doch nicht schlecht.«* Behutsam zupfte er einige Beeren ab, schob sie in sein großes Maul, dass man die großen, weißen Bärenzähne in der Sonne aufblitzen sah, und schmatzte nach Bärenart sehr laut und sehr genüsslich. Er rieb seinen wohlgenährten Bauch, gähnte dreimal herzhaft, reckte und streckte sich und legte sich unter einen Baum in den Schatten. *»Ein Mittagsschläfchen wäre nun angebracht«*, brummte er schläfrig. Gerade als ihm seine großen braunen Bärenaugen zufallen wollten, hörte er über sich in den Tannenzweigen zwei sich streitende Vögel. Erst wollte er sich ärgern, dann aber schaute er neugierig, ohne sich zu bewegen, in den Baum hinauf. Die beiden Vögel konnte er nicht sehen, nur hören. Unfreiwillig belauschte er das Gespräch. *»Ich kann das Gedicht viel besser als du – und ich kann es sogar schon ganz ohne Fehler!«* *»Aber ich kann es besser betonen!«* *»Na und ich kann es sogar mit meinen Flügeln vorspielen!«*

Jeder Vogel rezitiert oder singt erst die erste Ziele, dann kommt die zweite Zeile hinzu, bis der erste Vers vollständig ist. Da macht der Bär plötzlich *»Hatschi«* und erschrocken flattern die beiden Vögel auf und davon.

»Schade«, brummt der Bär, *»das Gedicht hat mir so gut gefallen. Aber ich habe gut aufgepasst, schließlich bin ich weit und breit der einzige Bär mit einem großartigen Gedächtnis. Das werde ich den Kindern natürlich sofort beweisen. Glaubt ihr, dass ich das Gedicht fehlerfrei gelernt habe? Hört*

gut zu, von mir könnt ihr noch viel lernen. Und sollte ich je einen Fehler machen, was ich natürlich nicht glaube, dürft ihr mich verbessern! Einverstanden?« Der Bär beginnt, macht aber sofort den ersten Fehler. Die Kinder korrigieren. Er wiederholt und es schleicht sich ein neuer Fehler ein. Gemeinsam gelingt es, das Gedicht zu lernen. Der Bär behauptet unermüdlich, dass er besser sei als die Kinder. Die Kinder versuchen es allein und der Bär ist zufrieden. Gemeinsam wird das soeben Gelernte wiederholt.

Willst du mein Freund sein?

Es spielen mit: Knotenhase und Knotenindianer (Bauanleitung → S.21)
Requisite: eine Möhre mit Grünzeug

Hase: (tritt auf) *»Hallöchen, guten Morgen«* *Habt ihr auch so gut geschlafen wie ich? Also ich werde nun dort drüben ins grüne Kleefeld hoppeln und mein zweites Frühstück einnehmen. Habt ihr denn auch schon gefrühstückt? Meine Leibspeise sind Möhren, denn als Hase muss ich nicht nur besonders gute Zähne haben, sondern natürlich auch supergute Augen. Also, das solltet ihr auch unbedingt essen!«* (Er beißt schmatzend in die Möhre und fragt die Kinder, ob sie auch mal abbeißen und probieren möchten. Falls ja, erlauben! Nun erzählt der Hase, dass er sich alleine fühlt und einen Freund sucht. Kleiner Dialog mit den Kindern, wer ihre Freunde sind. Plötzlich macht sich der Hase groß, steht steif und still und schaut nach hinten, bis die Kinder ganz leise sind.) *»Wow, da kommt ja einer. Upps, das ist ja ein Hase mit nur einem Ohr. Ich werde ihn fragen, ob er mein Freund sein möchte.«* (Die

zweite Knotenpuppe, der kleine Indianer tritt auf.)

Indianer: (singt:) *«Uah uah uoh, was sind wir Indianer so froh.»* (Er hält die Hand vor den Mund und es erklingt ein lauter, langer Indianer-Ruf. Hase und Indianer treffen aufeinander.)

Hase: *»Ach herrje, du bist ja gar kein Hase, da habe ich mich getäuscht. Aber bitte fange mich nicht. Ich will nicht als Hasenbraten verspeist werden.«* (Der kleine Indianer antwortet tröstend:) *«Ich will dich nicht fangen, bei uns gibt es heute keinen Hasenbraten, sondern Fisch. Ich bin auf dem Weg zum kleinen Fluss dort hinten. Willst du mithoppeln?»* (Der kleine Hase ist glücklich. Ob dies sein neuer Freund werden könnte? Aber geht denn das, Indianer und Hase als Freunde? Sie unterhalten sich über Freundschaft. Der Hase erzählt, dass viele Kinder zu Hause einen Hasen als Kuscheltier oder Haustier haben.)

Indianer: (fragt die Kinder) *»Habt ihr auch einen Indianer zu Hause?«* (Kinder verneinen.)

Indianer: *»Wo doch jetzt der Hase und ich Freunde sind, könnten doch auch wir Freunde sein, dann wäre niemand mehr alleine und Freunde kann man doch nie genug haben, oder?«* (Die Kinder stimmen zu. Zur Bekräftigung der neuen Freundschaft ein Freundschaftslied singen. Alle reichen sich die Hand, auch Hase Hoppelinsfeld und der Indianer, und rufen:) *»Mümmel mümmel, uah uah!«*

Kinder: *»Eure neuen Freunde sind auch schon da.«*
Alle: *»Freunde für immer und ewig!«*

Die verzauberte Bürste

Bei dieser Geschichte werden die Handpuppen aus Alltagsdingen lebendig (→ S.9–27).

Alter: ab 4 Jahren

Es spielen mit: Hahn als Haarbürste, Gabel als feine Dame, Messer als berühmter Mann mit Hut, Schneebesen als dicker Clown

Hahn: (tritt auf:) *»Kennt ihr mich? Richtig, aber eigentlich bin ich eine Bürste und wurde in einen Hahn verzaubert. Ich bin ja so unglücklich. Seid mal still, ich glaube, da kommt jemand, den werde ich fragen, ob er mich zurück zaubern kann, denn ich würde so gerne wieder eine Haarbürste sein. Bei den Menschen ist es so gemütlich und so schön warm und ich liebe Haare über alles. Als verzauberter Hahn habe ich es ganz schön schwer, vor allem jetzt im Herbst, wenn es kalt wird. Brr! Da friere ich jetzt schon mächtig.«*

Gabel: (tritt auf. Sie begrüßt den Hahn und sie erfährt die ganze traurige Geschichte. Die Gabel als feine Dame berichtet:) *»Ich bin eigentlich auch gar keine feine Dame, sondern eine Gabel. Eine feine Dame zu sein ist viel schöner als eine nackte im Essen herumstochernde Gabel!«* (Sie beschwert sich, dass sie das Essen in den feuchten Mund der Menschen transportieren muss und wenn die nicht die Zähne geputzt hätten, sei das eklig. Der Hahn bittet die Gabel, ihn zurückzuzaubern, doch diese kennt keinen Zaubervers und geht weiter. Da erscheint ein Messer und wundert sich über den Hahn, der so traurig auf dem Weg sitzt.)

Messer: *»Nanu, ein Hahn mitten auf dem Weg? Mach Platz, geh mir aus dem Weg, ich bin ein wichtiger und sehr bekannter Mann!«* (Die Bürste erzählt ihm ihre Geschichte. Das Messer meint jedoch:) *»Ich bin zum Würste schneiden doch viel zu wertvoll. Nein, als berühmter, feiner Herr fühle ich mich wohler. Ich bin sehr dankbar und würde mit niemanden tauschen wollen.«* (Auch das Messer geht weiter.)

Schneebesen-Clown: (tritt auf, begrüßt die Kinder als bunte Kanarienvögel, dann als stumme blubbernde Fische und stolpert dann fast über seine eigenen Beine. Dann entdeckt er den Bürstenhahn. Dieser erzählt nun zum dritten Mal die traurige Geschichte.) *»Ich bin ausgerissen, um die Kinder hier als Clown zum Lachen zu bringen. Nur immer Brei umrühren ist mir viel zu langweilig!«* (Er eilt weiter. Der Hahn bleibt stehen und weint. Als dies die anderen drei hören, kehren sie um und trösten ihn.)

Gabel, Messer, Schneebesen: (haben eine Idee, strecken ihre Köpfe zusammen, flüstern und wenden sich den Kindern zu:) *»Hallo, Kinder, ihr könnt doch den Hahn zurück zur Haarbürste zaubern. Ach, ihr wisst nicht wie? Was sind wir Küchengeräte doch für kluge Leute!«*

Messer: *»He, ... komm doch mal her!«* (Das aufgeforderte Kind kommt.) *»Pflücke doch mal die Federn ab und leg sie dort auf den Tisch!«* (Kind macht es, wird gelobt.)

Gabel: *»Das kleine Mädchen mit der Brille, ja du, hilfst du mir auch? Komm doch mal vor und pflücke mir Schnabel, Kamm und Kehllappen ab.«* (Kind macht es, wird gelobt.)

Schneebesen: *»Also nun bin ich aber dran! Hallo, ErzieherIn, komm doch mal zu mir. Du kriegst die schwierigste Aufgabe. Pflücke doch mal behutsam die Augen ab!«* (ErzieherIn macht es und wird gelobt.)

Bürste: (rüttelt und schüttelt sich, dreht sich mehrmals um sich selbst und lacht glücklich und befreit auf:) *»Ihr seid einfach spitze, vielen Dank, dass ihr mich zurück gezaubert habt!«* (Alle begleiten den Hahn, der nun kein Hahn, sondern wieder eine Haarbürste ist, nach Hause, zu seinen Menschen.)

Überraschung für den Nikolaus

Für dieses Stück können die Faltfiguren (→ S. 59–61) eingesetzt werden. Kinder in der Grundschule überraschen damit Kindergartenkinder oder Parallelklassen.

Alter: ab 4 Jahren

Es spielen mit: Falthase, Katze, Faltnikolaus mit Sack, Faltengel, Faltrabe
Requisiten: Briefe; Möhre; Milchschale; Walnuss; Korb mit 1 Möhre, einem Nusszweig und einer Flasche Milch; Sack mit Plätzchen

Katze Minka: (tritt auf. Sie erzählt, wie sehr sie sich auf den Nikolausabend freut und dass sie in diesem Jahr so sehr hofft, dass der Nikolaus auch die Tiere besucht:) *»Kinder, habt ihr dem Nikolaus auch schon einen Wunschbrief geschrieben? Schaut, das ist mein Wunschbrief und ich lege ihn heute Abend unters Fenster. Ich hab ihm auch versprochen, dass er ein Geschenk von mir erhält. Soll ich euch mal meinen wunderschön verzierten Brief vorlesen?«* (Kinder rufen »Ja!« Die Katze entfaltet den Brief und liest ihn vor. Minka fragt, was sich die Kinder wünschen. Da kommt der Hase dazu.)

Hase Mümmelmann: *»Hallo Minka! Du, ich werde heute Abend meinen Wunschzettel für den Nikolaus vor meinen Hasenbau legen. Oh,* *wie ich sehe, hast du ja auch einen geschrieben. Lies mal vor.«*

Katze Minka und Hase Mümmelmann: *«Kinder, wisst ihr, was wir dem Nikolaus schenken werden?«* (Kinder dürfen raten.) *»Also, da kommt ihr niemals drauf«* meint die Katze. *»Ganz bestimmt nicht«*, antwortet der Hase. (Kinder wollen das Geheimnis wissen.) *»Ich schenke ihm mein Schälchen leckere, köstliche, warme Milch.«* raunzt die Katze. *»Ich werde ihm meine allerschönste Mohrrübe verehren.«* meint stolz aufgereckt der Hase. (Beide eilen nach Hause, um ihr Nikolaus-Geschenk vorzubereiten.)

Katze Minka: (Sie sitzt bei sich zu Hause vor der Milchschale, schnuppert.) *»Ein kleines bisschen kann ich ja wohl schlappern, nur ein ganz kleines bisschen«* miaut sie und schaut sich unsicher um. Dann leckt sie. *«Köstlich, einfach köstlich!«* raunzt sie genüsslich. (Mehrmals wiederholen, dabei wird die Milch immer weniger. Plötzlich hält sie erschrocken inne, die Milchschale ist fast leer.)

Hase Mümmelmann: *»Schaut mal, diese mächtige, leuchtend orange Möhre habe ich extra für den Nikolaus aufgehoben. Aber ich muss zuerst probieren, ob sie auch gut schmeckt. Ich knabbere erst mal an dem Grünzeug.«* (Mehrmals machen, es wird immer weniger. Bis auch der Hase erschrocken innehält.)

Nikolaus: (bei ihm zu Hause) *»Also, in diesem Jahr darf ich die Katze Minka und den Hasen Mümmelmann nicht vergessen, jedes Jahr erhalte ich ihre Wunschzettel, aber am Ende ist mein Sack immer ratzeputz leer. Heute packe ich eine kleine Flasche Milch und eine saftige Möhre ganz unten in den Sack.«* (Er füllt imaginär den Sack, nimmt ihn und macht sich auf den Weg.)

Katze Minka: *»Du, Mümmelmann ich habe leider fast die ganze Milch aufgeschlappert.«*

Hase: *»Du, Minka, ich habe auch viel zu viel von der Möhre geknappert. Ob der Nikolaus nun böse auf uns ist? Lass uns unsere Geschenke hierher stellen.«* (Sie stellen sie an die Seite und gehen heim.)

Nikolaus: (kommt, liest die Briefe:) *«Na, da habe ich ja die richtigen Geschenke im Sack.«* (Er holt sie heraus, will sie ablegen, sieht die Milch und die Möhre und ist sehr überrascht:) *» Das ist ja unglaublich! Ein Geschenk für den Nikolaus? Ja, wo gibt's denn so was?«* (Er nimmt erfreut die Geschenke mit. Dann sieht er die Kinder, bleibt stehen und meint:) *»Ach ja, ich hab ja noch einen kleinen Sack für brave Kinder dabei.«* (Er ruft ein Kind auf und überreicht einen kleinen Sack. Zum Dank singen die Kinder ein Nikolauslied vor. Der Nikolaus bedankt sich und zieht weiter.)

Warum der Osterhase so schnell rennt

Diese Spielidee stammt von Vorschulkindern, nachdem sie die Spielfiguren (→ S. 31) entwickelt haben.

Es spielen mit: Osterhase, Hühner
Requisiten: kleine Farbeimer, bemalte Plastikeier

Hase: *»Hallo, Kinder, wisst ihr, warum alle Hasen so rasch weglaufen, wenn man ihnen beim Spaziergang, auf dem Feld oder am Waldrand begegnet?«* (Kleiner Dialog mit den Kindern. Damit beginnt die Spielgeschichte, die der Hase erzählt.)

»Vor langer, langer Zeit war die wichtigste Aufgabe der Hühner, Eier für den Osterhasen zu legen. Klar, die Hühner mussten sehr fleißig sein, sie hockten in ihren Nestern oder auf der Wiese, gackerten und gackerten und legten ein Ei nach dem anderen.« (Die Hühner kommen gackernd dazu. Der Hase trieb sie an, schneller Eier zu legen.)

Hühner: (beschweren sich) *»Unsere Kämme sind schon angeschwollen vor lauter Anstrengung, die Eier reifen in unserem Bauch heran und wachsen nicht an den Bäumen!«*

Hase: (begutachtet die weißen Eier) *»Eure Eier sind groß und makellos, aber sie sehen langweilig aus. Ihnen fehlt der letzte Pfiff, das muss sich ändern!«*

Einige Tage später hoppelte der Hase wieder zu seinem Hühnerhof. Er hatte eine geniale Idee: *»Ich hab's, ich hab's! Wie wäre es denn, wenn wir die Eier bunt anmalen würden?!«*

Die Hühner flatterten aufgeregt und gackernd hin und her, bis die dicke Berta, die Chefin des Hühnerhaufens, meint, die Idee sei gut, doch woher sollte man Farben nehmen? Sie überlegen und bitten die Kinder um Rat. Farben beim Maler kaufen? Sofort machten sie sich auf den Weg. Schwer bepackt kamen sie zurück. Sofort machten sich die Hühner daran, die Eier rot, gelb, grün und blau zu färben. Einige tauchten ihre Schnäbel in die Farbtöpfe und nahmen einen kräftigen Schluck. Andere spuckten die Farbe einfach auf die Eier, einige hatten inzwischen bunte Schnäbel und freuten sich mächtig, wie kunterbunt ihre Eier wurden. Versehentlich tauchte ein junges Huhn seinen Schwanz in einen Farbtopf und berührte ein Ei. Einige Hühner taten es ihm sofort nach und tauchten ihre Schwanzspitzen ebenfalls in die

Farbe. Doch zu viel Farbe tropfte in das Gras, auf die Blumen und zufällig vorbeikrabbelnde Käfer.

Hase: (ermahnend) *»He, ihr sollt nicht das Gras in Regenbogenfarben anmalen, sondern die Eier!«*

Die zweitwichtigste Henne namens Elise, der der Schweiß von der Hühnerstirn rann und der Farbe aus dem Schnabel tropfte, empörte sich darüber. Sie forderte den Hasen auf, selbst mit anzupacken, drückte ihm einen Pinsel in die Hand und wohl oder übel malte er mit. Er strengte sich mächtig an, denn er wollte sich nicht vor dem Hühnervolk blamieren. Zum Schluss hoppelte er in die Gärten und versteckte alle bunten Eier. Die Kinder jubelten. Völlig erschöpft legte er sich an diesem Abend in seinen Bau. Und seit dieser Zeit rennen die Hasen so schnell sie können weg, wenn sie einen Menschen sehen. Jeder Hase denkt sofort an triefende Farbtöpfe und Eierberge.

Hase: *»Ach ja, von den Hühnern soll ich euch ganz lieb grüßen und sie schicken diesen Korb mit ihren hübschen Ostereiern.«* (Der Hase übergibt die Ostereier und hoppelt davon.)

Der kleine Ausreißer

Dieses Spielstück in Reimform entstand in einer 2. Klasse.

Alter: ab 8 Jahren

Es spielen: Hase, Käfer, Ameise, Fliegenpilz, Schnecke, Fuchs, Eule (→ Eier-Theater S. 31)

Hase:

*Ich bin das Häschen Springinsfeld
und hopple durch die ganze Welt.
Heute Morgen bin ich davongerannt
und meiner Mama durchgebrannt.
Zu Hause war es mir zu dumm,
man lebt nur um den Klee herum.
Ich bin zu Höherem geboren,
das fühl' ich in meinen langen Ohren.*

Käfer:

*Was treibst du hier, du frecher Has',
zertrampelst mir mein grünes Gras!
Hast mich fast zertreten, Tölpel du,
verschwinde hier, lass uns in Ruh!*

Ameise:

*Hör nur auf des Käfers Rat, den guten!
Lauf nach Hause zur Mama, musst dich sputen!*

Hase:

*Pah, du kleiner Wicht, was willst denn du mir sagen!
Verschwinde, sonst geht's dir an den Kragen!
Oh je, es fängt zu regnen an.
Ich werde nass, Pilz, hilf mir, Mann!*

Pilz:

*Unterstehen willst du hier, bei mir?
Was zahlst du mir denn gleich dafür?*

Mietfrei geht es nicht bei mir,
ich, der Fliegenpilz, will Miete dafür.

Hase:

Bezahlen kann ich nichts, ich hab' kein Geld,
bin doch das Häschen Springinsfeld
Lass mich nur ein wenig rein,
ich werde auch still und bescheiden sein.

Pilz, Käfer, Ameise:

Nun hört doch mal dem Häschen zu,
ja gibst du denn gar keine Ruh?
Wir haben keinen Platz für dich,
verschwinde und verkrümle dich!

Hase:

Ich geh ja schon, klopf drüben an,
dort steht gerade der Schneckenmann.
Seine Frau, die gute Schneck,
trägt ihr Herz am rechten Fleck.
»Oh bitte, lasst mich ein bis morgen.
Ich werd' euch auch eine Möhre besorgen!

Schnecke:

Langsam, langsam, Hasenkind,
was bist du für ein Wirbelwind?
Ich denke nach, komm in 10 Tagen,
dann werd ich dir unsere Antwort sagen.

Hase:

Kein Plätzchen für mich weit und breit?
Die Welt ist doch so groß und weit.
Ich armes Häschen Springinsfeld,
bin hungrig, nass und hab kein Geld!

Ameise:

Ja weißt du nicht,
zu Hause wartet doch deine Mutter sicher auf
dich?

Kehr um, noch ist Zeit,
die Nacht, sie kommt, sie ist nicht mehr weit.

Fuchs:

Komm doch in meinen Bau herein,
ich hätt' ein Bett, kuschlig und fein
Auch Möhren, Klee kann ich dir bieten,
das wirst du sicher sehr, sehr lieben?

Hase:

Du bist sehr lieb und gut zu mir,
doch kenn ich dich nicht, wie heißet Ihr?

Fuchs:

Mein Name, der hat doch nichts zu sagen,
komm her, komm mit, du musst es wagen!

Ameise:

Halt Häschen, trau ihm nicht,
er ist ein schlimmer Bösewicht.
Du bist in schrecklicher Gefahr,
gleich frisst er dich mit Haut und Haar!

Fuchs:

Ach, glaub ihr nicht, eine Hase wie du
gäbe meinem empfindlichen Magen keine Ruh.

Hase:

Warum sollte mich die Ameise denn belügen,
ich werde rasch die Kurve kriegen!
Finstere Nacht ist es inzwischen nun,
ich will nach Hause, um auszuruhn.
Was seh ich da, Licht im Geäst?
Oh, eine Eule, ist mir Recht!
Du liebe Eule, glaube mir,
ich suche nur ein Nachtquartier!

Eule:

Aha, du warst wohl ungezogen?
Bist zu Hause weggerannt oder rausgeflogen?
Lauf nach Hause, aber sogleich,
sonst hau ich dir dein Hasenfell windelweich!

Ameise:

Du wieder da? Kommt mit, ruh dich bei mir aus.
Ich bring dich später gern nach Haus.

Hase:

Das glaub ich nicht, ja bin ich dumm?
Da lief ich wohl im Kreis herum!
Und hinter dem Hügel ist unser Haus,
meine Mutter schaut suchend zum Fenster heraus.
Hatte ich nach Freiheit solch groß' Verlangen,
wäre das fast schief gegangen.
Ich fand nur Hunger, Durst und keine Unterkunft,
was war ich dumm und ohne Vernunft.
Nie wieder lauf ich weg von hier!
Mama, das verspreche ich hoch und heilig dir!

Ameise und Käfer:

Lauf schnell nach Hause, es ist ein Stück!

Pilz und Schnecke:

Du hattest heute wirklich Glück!

Pilz:

Das nächste Mal überlege gut,
das war nur dumm und ohne Mut!

Eule:

Und Ärger zu Hause gibt es obendrein,
muss das denn wirklich auch noch sein?

Fuchs:

Da geht er hin, was soll ich sagen?
Weg ist er, mein leckerer Sonntagsbraten!

Der Rettungsschirm

Nach Wunsch kann bei dieser Spielgeschichte auch ein Hund, Kaspers Freund Seppel oder Gretel mitspielen.

Es spielen mit: 1 Kinderregenschirm, sympathische, beliebige Handspielfigur (z. B. Teesiebfreund → S. 25 und Name eines zuschauenden oder mitspielenden Kindes (Laila)), Schnecke

Laila: (tritt auf, geht spazieren und sieht einen bunten Regenschirm liegen) *»Oh, einen Regenschirm könnte ich gut gebrauchen.«* (Kinder wünschen sich, dass er aufgespannt wird.) *»Aber es regnet ja gar nicht und die Sonne scheint auch nicht, also brauche ich keinen Sonnenschirm und keinen Regenschirm. Ich nehme ihn als Spazierstock.«* (Damit einmal im Kreis gehen. Plötzlich schreit jemand hinter der Bühne:) *»Hilfe, Hilfe!«* *»Habt ihr das auch gehört?«* (Kinder bejahen) *»Ich muss jemanden retten, helft ihr mir dabei?«* Kinder rufen: *»Ja!«*
(vom Teichufer tönt es weiter:) *»Hilfe, helft mir doch, Hilfe, ich ertrinke, Hilfe, Hilfe!«* (Laila kann noch immer niemanden sehen. Die Kinder auch nicht.)
Schnecke: *»Hallo, hier bin ich, hier! Ich, die kleine Schnecke! Hilfe, Hilfe!«* ruft es erneut. (Endlich wird die Schnecke mit ihrem Schneckenhaus gesichtet. Verzweifelt paddelt sie und versinkt immer wieder im Wasser, um prustend wieder aufzutauchen.)
Laila: *»Hierher, paddle hierher, ich ziehe dich heraus!«* Doch mehrere Versuche schlagen fehl, Laila kann die glitschige Schnecke nicht fassen. (Die Kinder nennen Lösungen, die umgesetzt werden.) Er schiebt den Schirm zur Schnecke,

aber sie kann nicht hinaufklettern, er ist zu hoch und zu dick. Sie mit dem Griff ans Ufer zu ziehen scheitert ebenfalls, denn die Schnecke gerät dabei unter den Schirmgriff. Endlich die rettende Lösung! Laila öffnet den Schirm, dreht ihn um und lässt ihn wie ein Boot ins Wasser gleiten. Die Schnecke versucht, hineinzuschwimmen. Mehrere Versuche scheitern, bis jemand die Idee hat, den Schirm so schräg zu halten, dass die Schnecke hineinkrabbeln kann. Laila zieht Schirm und Schnecke ans Ufer. Diese bedankt sich für die Rettung und staunt, wozu ein Regenschirm nützlich sein kann. Laila schaut der davonkriechenden Schnecke nach, bedankt sich bei den Kindern für die tollen Ideen und geht zufrieden heim.

Tierische Gesangstunde

Dieses Stück ist ideal, um ein neues Lied oder einen Kanon einzuführen und zu lernen.

Alter: ab 4 Jahren

Es spielen mit: Handpuppentiere (➜ S. 42–46) oder Fingerring-Puppen (➜ S. 62/63)

Ein Tier nach dem anderen kommt auf die Bühne, sie beschließen, gemeinsam eine Wanderung zu unternehmen. Jedes Tier stellt sich in seiner Tiersprache vor: Der Bär brummt, der Affe feixt, das Huhn gackert, der Fisch blubbert, die Katze miaut. Eine tierisch musikalische Idee entsteht. Ein Tier hat vor der Einrichtung ein Lied gehört, einen richtigen Ohrwurm. Der Frosch quakt es lauthals vor, der Hund stimmt mit Wau-wau ein, die Katze schreit »Miau!« dazu, die Maus fiepst, die Grille grillt, der Hase trommelt mit den Pfoten, bis alle mitmachen.

Ein Tier entdeckt die Zuschauer und bittet um gesangliche Unterstützung, natürlich in ihrer Menschensprache. Nun singen alle gemeinsam das Lied. Der Bär bestimmt, wer nach und nach nicht mehr mitsingt, bis zum Schluss die Kinder das Lied ein letztes Mal laut schmettern.

Der Wolf und das Häschen

Kinder lieben Fabeln schon weit vor dem Schulalter. Diese hier erfanden Kinder im Alter von 6 Jahren gemeinsam mit einer Praktikantin.

Alter: ab 6 Jahren

Es spielen mit: Wolf, Hase, Frosch (Puppenbau ➜ z. B. S. 65/66)

Man hört den Wolf laut heulen. Ein Hase kommt, macht Männchen, lauscht. Läuft hierhin und dahin, bis er endlich weiß, woher die Hilferufe kommen. Er läuft zum hilferufenden Wolf.

Wolf: *»Grab mich aus, ich bin unter diesem Steinhaufen begraben. Ich gebe dir mein Ehrenwort, dass ich dich nicht auffressen werde, obwohl ich inzwischen mehr als hungrig bin.«* (Der kleine Hase wühlt und gräbt und gräbt und als der Wolf endlich frei ist, schnappt er sofort zu und hält den Hasen fest.)

Hase: (schreit wütend) *»Du hast versprochen, mir nichts zu tun. Sogar dein Wolfsehrenwort hast du mir gegeben. Also lass mich sofort los!«*

Wolf: *»Seit zwei Tagen liege ich schon unter dem Steinhaufen und niemand hat mir geholfen. Du musst also verstehen, ich komme gleich um vor Hunger.«* (Der Hase bittet, den in der Nähe quakenden Frosch als Schiedsrichter hinzuzuziehen und der Wolf willigt endlich sein.)

Sie rufen den Frosch. Dieser hört sich die Geschichte des Wolfes und die des Hasen an.)

Hase: » *Hier lag der Wolf unter den Steinen begraben und ich habe ihn mühsam herausgebuddelt, dass meine Pfoten davon ganz blutig wurden!*« (Er zeigt sie empört Wolf und Frosch.) »*Und nun will mich dieser Kerl einfach verspeisen, ich fasse es nicht!*«

Frosch: »*Quak, und du hast ihn ganz alleine ausgegraben? Das glaube ich dir nicht. Das kann überhaupt nicht sein! Das musst du mir beweisen. Wolf, leg dich auf den Bauch und du Hase, zeige mir, wie du das gemacht hast!*« (Hase und Frosch graben den Wolf so rasch sie können wieder ein.) »*Wolf, war es genau so?*« (Der Wolf bestätigt, bittet, ihn wieder herauszulassen. Der Frosch belehrt ihn jedoch, er habe dem Hasen versprochen, ihn nicht zu fressen und habe sein Ehrenwort gebrochen. Der Wolf bejaht nach einigem Hin und Her, dass es genauso war.) »*Also, ihr habt mich als Schiedsrichter gerufen und als Schiedsrichter bestimme ich, dass du, Wolf, hier liegenbleibst und dir ein anderes Tier suchst, das dich befreit. Wir tun es jedenfalls nicht. Und beim nächsten Mal halte dein Ehrenwort ein!*«

Und noch ehe der Wolf etwas sagen konnte, hoppelte der Hase davon und der Frosch hüpfte laut quakend in die andere Richtung. Das hatte der Wolf nun davon!

Streit der Eulen

Diese Geschichte stammt aus meinem Erzählseminar. Dabei begegnen sich zwei gleichnamige Tiere aus verschiedenen Lebensräumen und mit unterschiedlichen Lebenserfahrungen (Schneeeule aus Alaska und heimische Eule, Eisbär und Braunbär, Wüstenfuchs und Polarfuchs).

Es spielen mit: weiße und graue Eule, Wildkatze (oder anderes Wildtier)

Eine weiße Eule tritt auf, schaut sich um, entdeckt die Kinder, begrüßt sie, stellt sich vor und erzählt, dass weiße Schleiereulen eine Rarität sind und dieser Wald ihr neues Jagdrevier sei. Auf der anderen Seite erscheint die braune Waldeule, sie möchte den Eindringling vertreiben und die beiden hüpfen streitend aufeinander zu. Jede verteidigt sich flügelschlagend. Jede schildert, was sie gerne frisst, was sie besonders gut kann, wer die Mehrheit in diesem Wald bildet und wer schon vorher da war. Die Kinder erfahren dabei Spannendes und Wissenswertes über Eulenvögel. Die braune Eule führt an, dass sie schon zu Hexenzeiten hier im Wald lebte, die weiße Eule hebt hervor, dass sie sich im Winter im Schnee unsichtbar machen könne, die braune Eule würde man meilenweit sehen. Plötzlich erscheint eine Wildkatze (oder ein anderes Waldtier) »*Ich habe euren Streit verfolgt. Das Gezanke kann ich nicht verstehen. Ihr seid doch beide Eulen und wen interessiert schon eure Federnfarbe? Eule bleibt Eule, ihr seid Mitglieder der großen Eulenfamilie, also vertragt euch gefälligst wieder!*« Die beiden staunen über diese Standpauke nicht schlecht. Die Wildkatze hat ja recht. Eule bleibt Eule. Oder doch nicht? Die weiße Eule möchte nach Lappland zurückfliegen, in den weißen Schnee. Sie findet es gut, die braune Eule kennengelernt zu haben. Die braune Eule stimmt nachdenklich ein. Sie wird in ihrem vertrauten grünen Wald bleiben. Sie rufen sich noch ein friedliches *»Schuhuuuu«* zu, winken mit den Flügeln, fliegen auf und davon, jeder in eine andere Richtung.

Die mutige Raupe

Dieses afrikanische Märchen eignet sich besonders gut für ein Schattenspiel. Eltern und Kinder entwickelten es an einem multikulturellen Spielnachmittag in der Grundschule.

Es spielen mit: Raupe als Hexentreppen-Marionette (➜ S. 40) oder aus Schattentheater (➜ S. 65–66); Maus; Krokodil; Bär; Elefant; Adler; Haifisch (➜ S. 65–66)
Bühnenbild: angedeutete kleine Höhle unter einem Baum

Raupe: (lugt aus der Höhle hervor) *»Hallo, Kinder, ich bin die mutigste Raupe der Welt! Ich nehme es mit jedem Tier der Welt auf, da ich unbesiegbar bin!«* (Sie erzählt weiter:) *»Ich wohne hier schon lange zur Untermiete bei der Maus in ihrer gemütlichen Höhle und wir vertragen uns sehr gut.«* (Die Maus schlüpft heraus und bestätigt die Aussage der Raupe. Als alte Freundin trippelt sie davon. Plötzlich steht ein Bär vor der Höhle.)
Bär: (brüllt laut) *»Ist jemand zu Hause?«* (Aus dem Inneren der Höhle ertönt es dumpf und mächtig:) *»Ich bin hier, das mutigste und stärkste Tier der Welt. Verschwinde, wenn dir dein Leben lieb ist!«*

Der Bär erschrak bis in die Schwanzspitze und rannte davon. Er ahnte nicht, dass dort nur eine kleine Raupe war, er wusste nicht, dass es in der Höhle ein furchterregendes Echo gab. Die Raupe machte sich diese Eigenschaft zunutze. Und sie schrie dem Bären nach: *»Wenn du nicht sofort verschwindest, wird es dir wie dem mächtigen Löwen ergehen!«*
Da kam ein großer Elefant daher. Unter seinen Füßen erbebte der Waldboden. Er fragte den vor Angst schlotternden Bären, warum er vor der Höhle sitze und erfuhr die unglaubliche Geschichte über das Ungeheuer. Der Bär bat den starken Elefanten, das Ungeheuer zu vertreiben.
Elefant: (reckt seinen Rüssel in die Höhe und trompetet:) *»Komm raus, du Ungeheuer!«*
Prompt schallte es ihm entgegen: *»Ich habe den König der Löwen verjagt und den mächtigsten Bären der Erde, dich verjage ich ebenfalls, warte nur, bis ich herauskomme!«*
Da bekam der Elefant große Angst und versteckte sich hinter einem Baum.
Es dauerte nicht lange und ein riesiges Krokodil kam angekrochen. Es sperrte sein großes Maul auf, dass man die scharfen Zähne sehen konnte. Es hatte alles gesehen und gehört und wollte nun seinerseits das Ungeheuer vertreiben. Aber als das Krokodil anfing zu rufen, antworte die Raupe wie bisher. Da bekam auch das große Krokodil Angst.
Krokodil: *»Keine Sorge, ich werde Hilfe organisieren!«* Es verschwand und kam bald mit dem König der Lüfte, einem großen Adler zurück. Auch dieser forderte das Ungeheuer auf, aufzugeben und herauszukommen. Doch auch ihm schallte es entgegen: *»Ich bin hier das*

mutigste und stärkste Tier der Welt. Verschwinde, wenn dir dein Leben lieb ist. Ich wiederhole mich ungern, aber dir wird es nicht besser ergehen als dem mächtigen Löwen, dem starken Bären, dem gewaltigen Elefanten oder dem mächtigen Krokodil!« Der Adler hüpfte erschrocken zwei Schritte zurück. Dieses Ungeheuer musste riesig, gewaltig und sehr gefährlich sein!

Die Tiere beschlossen, zum nahegelegenen Meer zu laufen und den gefährlichen Herrscher der Weltmeere, den Hai, um Hilfe zu bitten. Doch auch der Hai konnte das Ungeheuer nicht herauslocken und besiegen.

Es dauerte nicht lange und die kleine Maus kehrte zurück. Aufgewühlt erzählten die Tiere ihr, welch schreckliches Ungeheuer sich in der Mäusewohnung eingenistet hatte und warnten die kleine Maus davor. *»Such dir bloß eine neue Höhle, sonst ergeht es dir wie all den Tieren, die das Ungeheuer besiegt hat.«* erzählten sie mit zitternden Stimmen.

Maus: *»Ach, wartet nur ab, ich führe euch das Ungeheuer gleich mal vor!«* Schwuppdiwupp war die kleine Maus furchtlos in der Höhle verschwunden. Die verängstigten Tiere kamen näher und näher und trauten ihren Augen nicht. Was sie da sahen, war ungeheuerlich!

Raupe: *»Ich bin es doch nur, die kleine Raupe. Unsere Höhle hat ein wunderschönes Echo, ich zeige es euch mal.«* Und die Raupe drehte ihren Kopf tief in die Höhle und rief: *«Ich bin hier das mutigste und stärkste Tier der Welt!«* Beschämt schauten die großen mächtigen Tiere zu Boden. Es war ihnen peinlich, dass sie sich von so einer kleinen unscheinbaren Raupe täuschen ließen.

Weitere Spielszenen

- Lineal rettet ein Papiertaschentuch vor dem Kinder- /Schülergebrauch
- Die Nagelfeile unterhält sich mit der Hand Stichsäge.
- Die Zeitung debattiert lautstark mit dem Schülerlexikon.
- Ein Stein und eine Wärmflasche berichten über ihren Wärmeeinsatz früher und heute.
- Handspiegel und Lippenstift streiten sich über Schönheit und Ideale.
- Ein (Puppen)Kleid diskutiert mit einer (Puppen)Jeans über Modetrends.
- Die Kinderrassel macht gemeinsam mit einer Pauke Musik.
- Die Schere redet mit der Büroklammer, wer wohl nützlicher sei.
- Ein Lederhandschuh versucht ein Wollknäuel zum Handschuhstricken zu überreden.
- Ein Bleistift rettet den Radiergummi vorm Ertrinken.
- Eine Plastikschale paddelt mit dem Esslöffel bei einer Regatta um die Wette.
- Ein Eierbecher umsegelt den Ozean und trifft auf Meeresbewohner.
- Der Hammer singt mit der Feile ein Musical-Duett.
- Der Handfeger und die Taschenlampe lösen einen Kriminalfall.
- Der Handfeger möchte gern im Friseursalon mitarbeiten.

Anhang
Kopiervorlagen

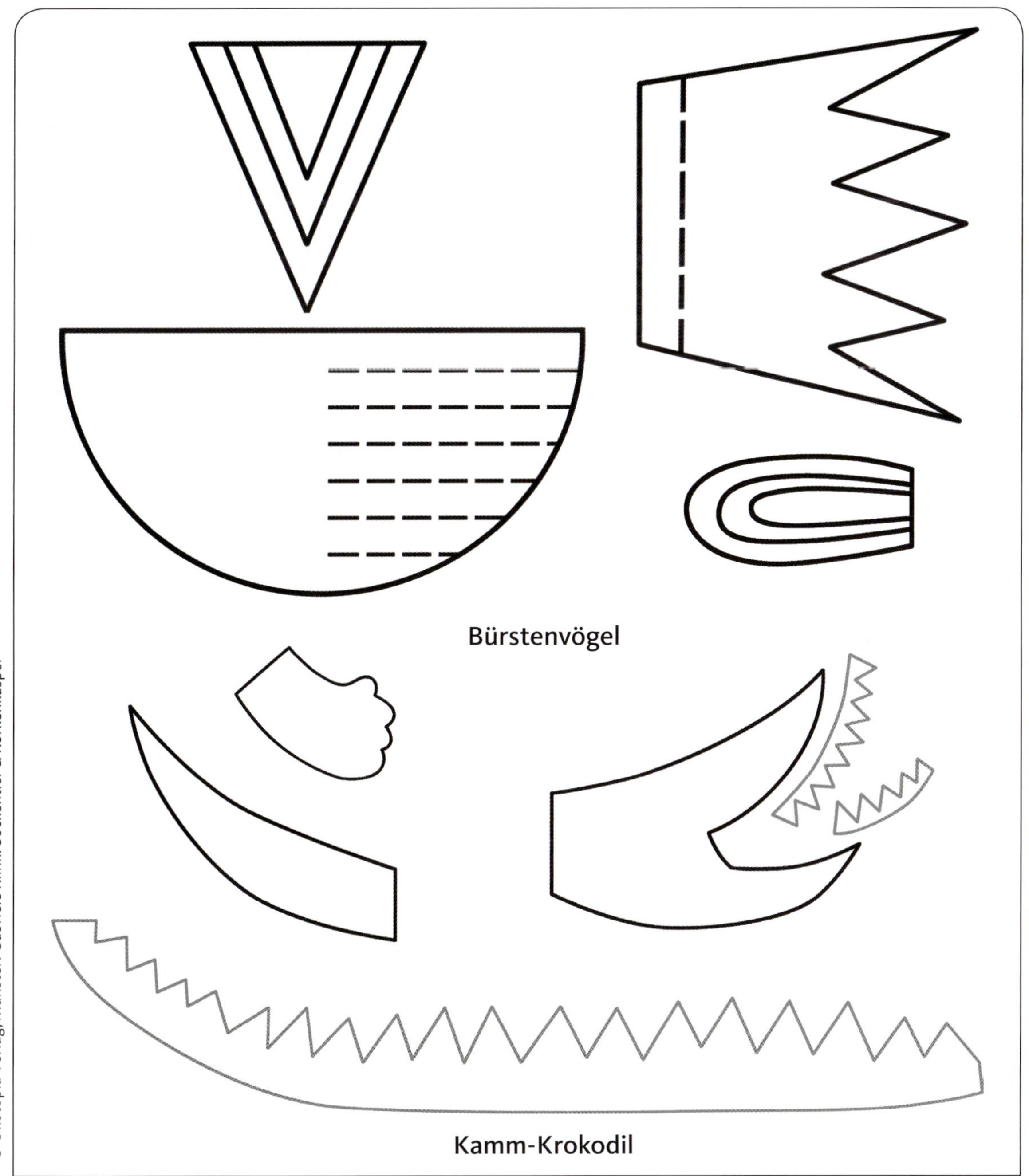

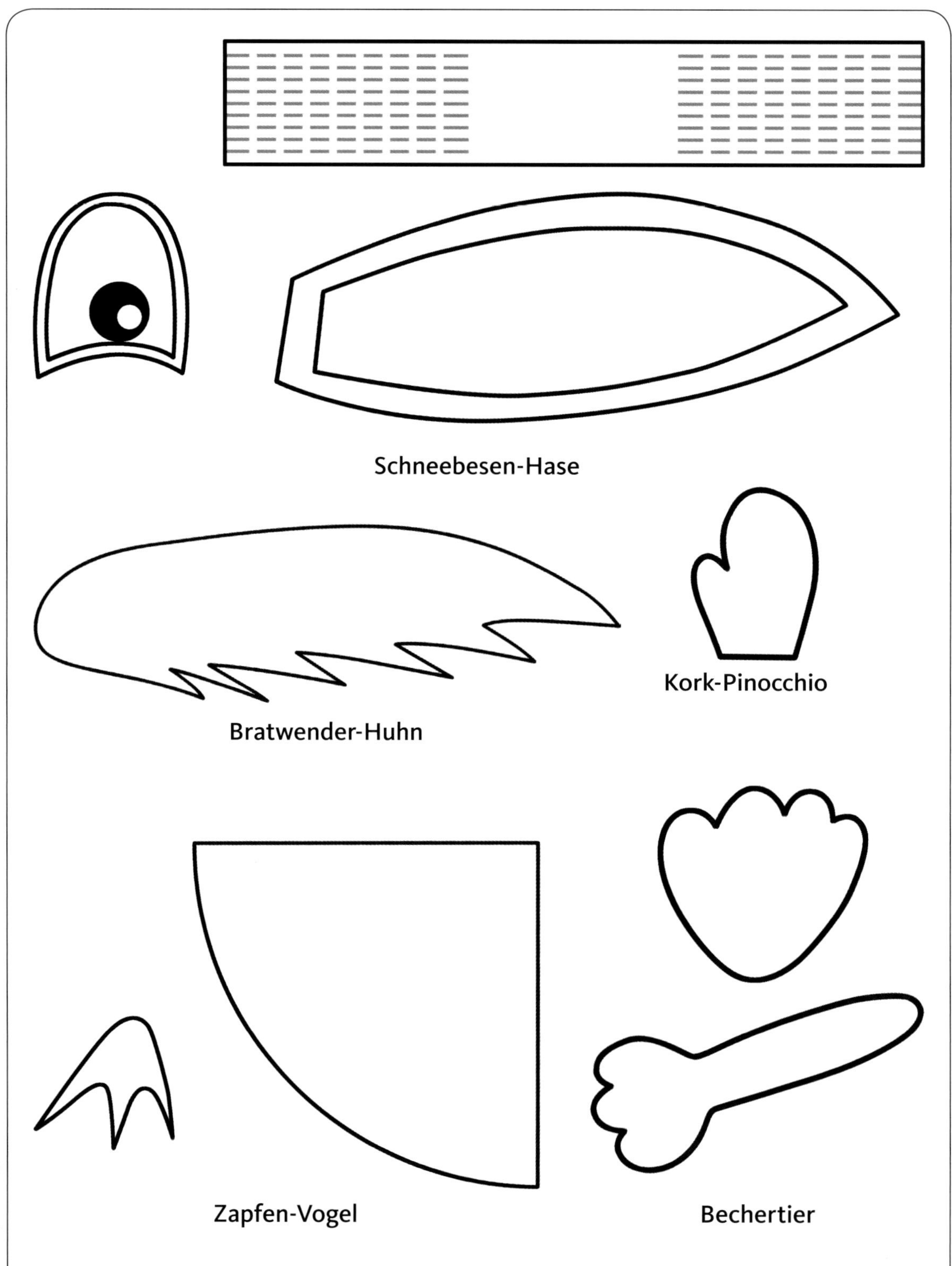

Schneebesen-Hase
Kork-Pinocchio
Bratwender-Huhn
Zapfen-Vogel
Bechertier

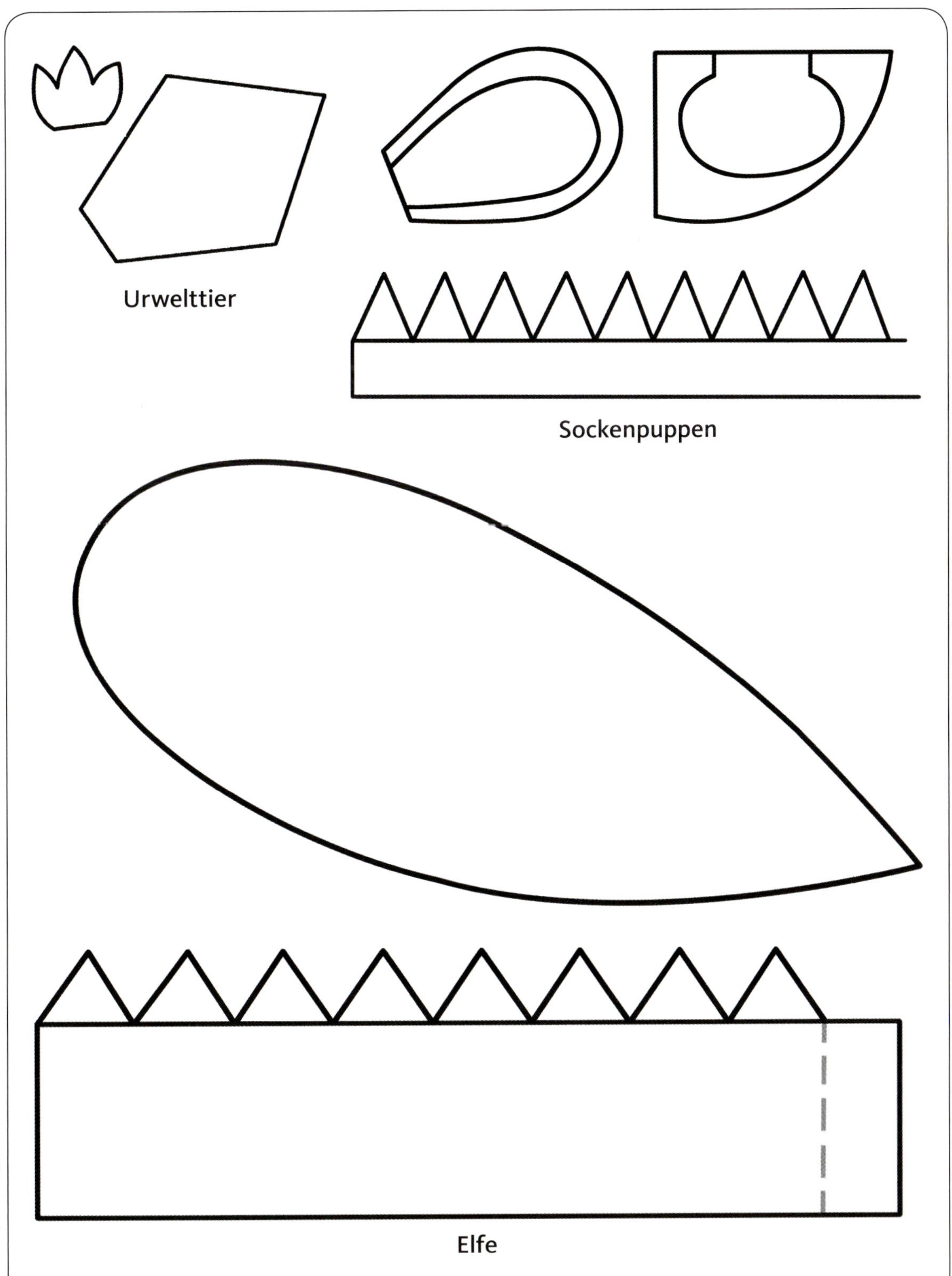

Urwelttier
Sockenpuppen
Elfe

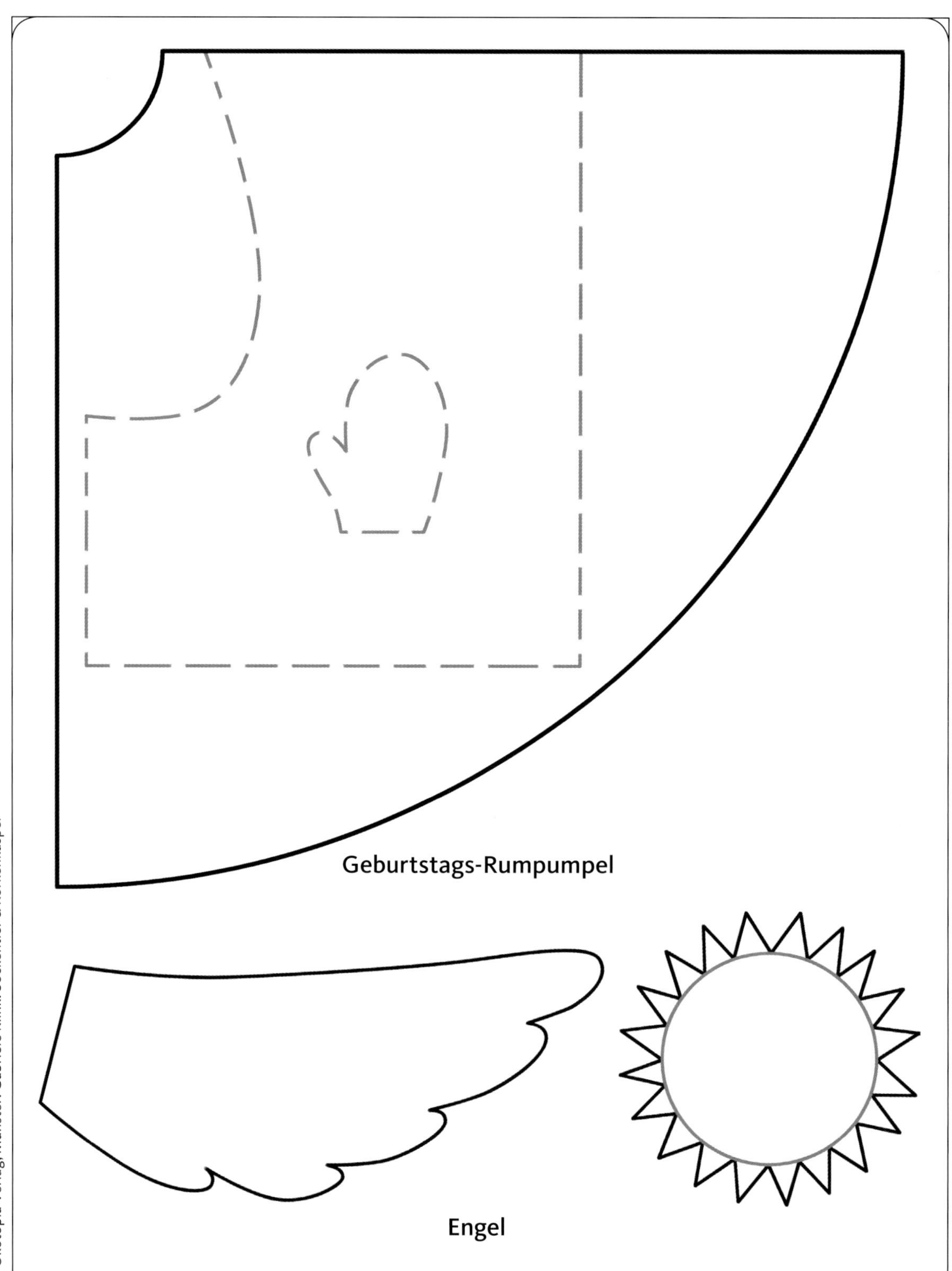
Geburtstags-Rumpumpel
Engel

Handspielhase

Fingerring-Theater

Stabfigur-Maus
Schattentheater

Schattentheater

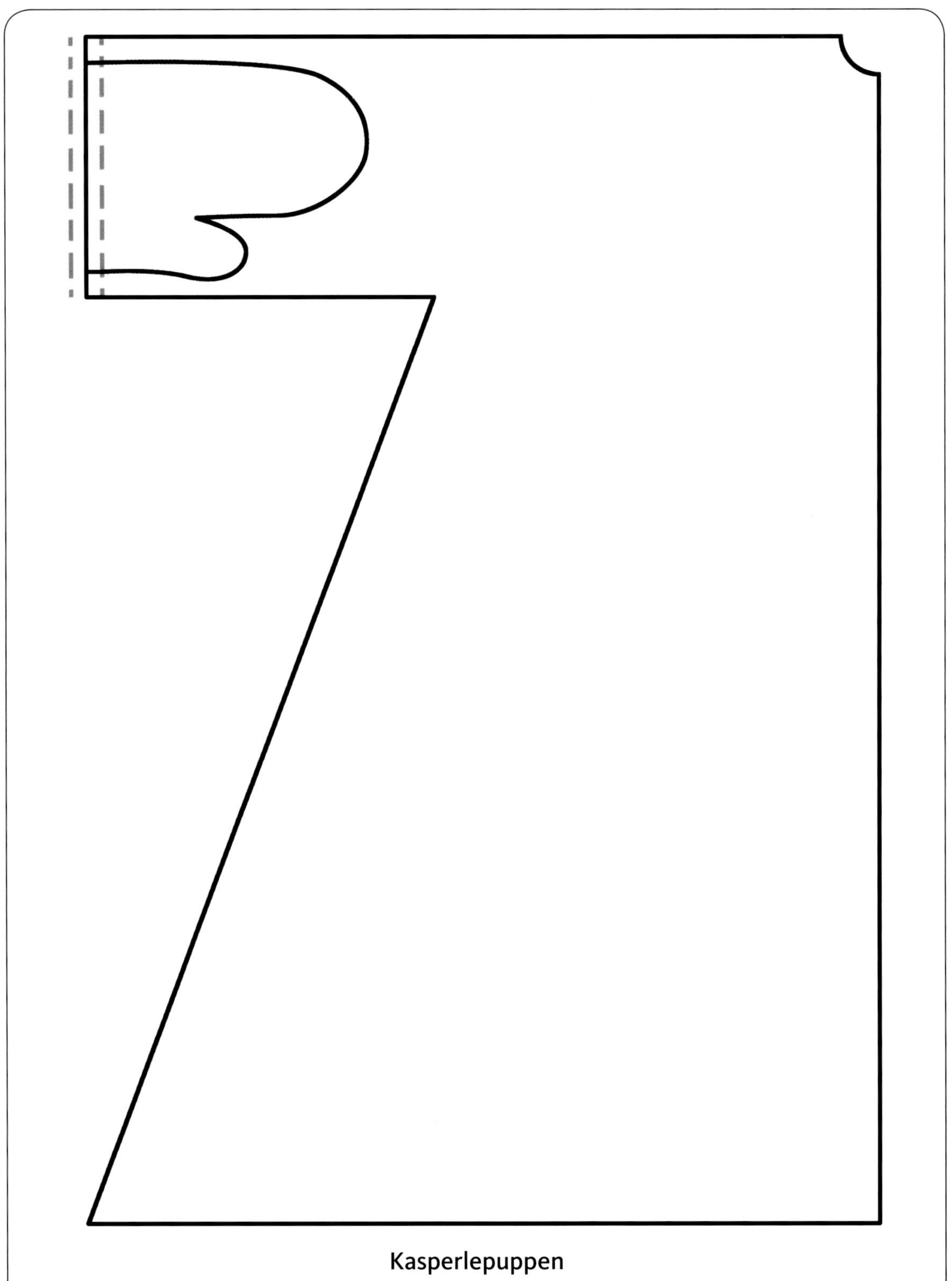

Kasperlepuppen

Die Autorin

Gabriele Klink wurde 1944 geboren. In ihrem Traumberuf als Kindergärtnerin leitete sie u. a. je drei Jahre an den deutschen Schulen in Puerto Montt/Südchile und in Kabul/Afghanistan den deutschen Kindergarten und arbeitet im Grundschulunterricht mit.
Besonders prägende Erfahrungen sammelte sie in einem Heim mit behinderten Kindern und Jugendlichen. In Berlin studierte sie Vorschulpädagogik, baute anschließend vier Jahre lang Vorschulmodelle in Baden Württemberg mit auf. Ein zweijähriges Studium zur Fachlehrerin für Vorschuldidaktik und Kunst schloss sich an. Anschließend leitete sie über 30 Jahre eine internationale Grundschulförderklasse für sechsjährige Kinder, die für ein Jahr vom Schulbesuch zurückgestellt wurden. Diese besonderen Kinder und Eltern lagen ihr sehr am Herzen.
Gabriele Klink lebt mit Ehemann und zwei Adoptivtöchtern aus Peru und Guatemala am Stadtrand von Nürtingen. Seit 2009 ist sie nach 44 Berufsjahren im Ruhestand, widmet sich einigen Ehrenämtern und gibt als Buchautorin ihr berufliches Wissen weiter.

Kontaktadresse:
DeRaFeMa@aol.com

Die Illustratorin

Irene Brischnik hat durch ihren Großvater zur Illustration gefunden. Nach langjähriger Berufstätigkeit als Grafikerin in einem Verlag hat sie sich 2010 ihren Lebenstraum erfüllt und sich als Illustratorin selbstständig gemacht. Der Schwerpunkt ihrer Arbeit liegt im Kinder- und Schulbuchbereich. Sie lebt mit ihrer Familie in Weiz (Österreich).